高等学校经济管理类专业
应用型本科系列教材

GAODENG XUEXIAO JINGJI GUANLILEI ZHUANYE
YINGYONGXING BENKE XILIE JIAOCAI

企业模拟经营
沙盘实训教程

QIYE MONI JINGYING
SHAPAN SHIXUN JIAOCHENG

主 编 谢 丹 姚 斌 胡若曦
副主编 彭 蛟 王 莉

Economics and management

重庆大学出版社

内容提要

ERP 沙盘模拟的教学形式独树一帜,已经被许多高校经济管理类专业教学接受并引进。该课程以其科学、简易、实用、趣味的设计为大家所关注,其体验式教学方式成为继传统教学及案例教学之后教学创新的典范。

ERP 沙盘模拟采用沙盘情景模拟教学模式(商战电子沙盘和创业者沙盘),建立 ERP 沙盘模拟经营对抗平台,通过模拟展示企业经营和管理的全过程,使学习者领悟科学的管理规律,提升其企业管理能力,帮助高校经管类专业培养高素质、应用型人才。

本书充分考虑学生的学习特点和就业需要,本着实用、好学、易做的原则进行编写。尤其在内容安排上按照循序渐进、由浅入深、举一反三、理论与实践相结合的规律,使理论与实践操作环环紧扣,既便于教师教学,又便于学生学习。

本书适合作为高等院校管理类专业,如工商管理、物流管理、电子商务、信息管理与信息系统、市场营销等专业的本科生和研究生的专业课教材或参考书,也可供对本书内容感兴趣的读者参考使用。

图书在版编目(CIP)数据

企业模拟经营沙盘实训教程 / 谢丹,姚斌,胡若曦
主编.--重庆:重庆大学出版社,2021.8(2023.7 重印)
高等学校经济管理类专业应用型本科系列教材
ISBN 978-7-5689-2850-2

Ⅰ.①企…　Ⅱ.①谢…②姚…③胡…　Ⅲ.①企业管理—计算机管理系统—高等学校—教材　Ⅳ.①F272.7

中国版本图书馆 CIP 数据核字(2021)第 128193 号

高等学校经济管理类专业应用型本科系列教材

企业模拟经营沙盘实训教程

主　编　谢　丹　姚　斌　胡若曦
副主编　彭　蛟　王　莉
责任编辑:顾丽萍　　版式设计:顾丽萍
责任校对:谢　芳　　责任印制:张　策

*

重庆大学出版社出版发行
出版人:饶帮华
社址:重庆市沙坪坝区大学城西路 21 号
邮编:401331
电话:(023) 88617190　88617185(中小学)
传真:(023) 88617186　88617166
网址:http://www.cqup.com.cn
邮箱:fxk@ cqup.com.cn (营销中心)
全国新华书店经销
中雅(重庆)彩色印刷有限公司印刷

*

开本:787mm×1092mm　1/16　印张:10.75　字数:257 千
2021 年 8 月第 1 版　　2023 年 7 月第 3 次印刷
印数:6 001—9 000
ISBN 978-7-5689-2850-2　定价:35.00 元

前　言

企业资源计划（Enterprise Resource Planning，ERP）的运用关键在于培养一大批既懂技术又懂管理的 ERP 应用型人才。高校 ERP 教学的目标便是培训 ERP 应用型人才。ERP 已成为经济管理类各专业、各层次学生学习的重要内容。如何帮助学生快速理解 ERP 的原理和思想，明确 ERP 领域的主要问题，熟悉 ERP 内容以及企业经营中 ERP 的运用，成为 ERP 教学实践研究和本书编写时所要解决的主要问题。

本书力求从务实的角度，从实验操作技巧着手，让读者对 ERP 沙盘模拟进行全面、系统的了解。本书具有"精""准""新""活""实"等显著特点，即理论部分力求简洁、精练、好读、易记，便于理解；准确阐明企业经营沙盘模拟的理念和规则，务求使实训操作体系全面、完整、准确；及时更新相关内容，使本书实用、系统，利于读者循序渐进地学习，具有很强的实用性。

本书由谢丹、姚斌、胡若曦担任主编，彭蛟、王莉担任副主编。谢丹设计全书框架，并统稿，编写了第 1 篇理论篇和第 2 篇实战篇；姚斌、彭蛟编写了第 3 篇实操篇；胡若曦、王莉协作编写了第一篇和第二篇。本书在编写过程中得到了张子林、张俊杰等老师的帮助。另外，感谢参加"新道杯"沙盘模拟经营大赛的学生提供了参赛总结。本书的编写得到了学校领导的大力支持，并引用了有关学者的部分资料，在此一并致谢。

由于编者水平有限，疏漏和不足在所难免，希望广大教师、读者多提宝贵意见，以便日后充实与完善。

编　者
2021 年 3 月

目 录

第 1 篇　理论篇

第 2 篇　实战篇

第 7 章 企业经营沙盘模拟对抗策略与技巧 ·········· 99

第 3 篇 实操篇

第 8 章 各经营年度经营运行实操报表 ·········· 108

第 *1* 篇 | 理论篇 |

第 1 章

ERP 概论

1.1　ERP 简介

　　ERP,即企业资源计划或称企业资源规划,是由美国著名管理咨询公司 Gartner Group 于 1990 年提出的基于供应链的管理思想。ERP 作为制造业系统和资源计划的综合应用软件,除了涵盖生产资源计划、制造、财务、销售、采购等功能外,还包括质量管理,实验室管理,业务流程管理,产品数据管理,存货、分销与运输管理,人力资源管理和定期报告系统。它跳出了传统企业边界,从供应链范围去优化企业的资源,是基于网络经济时代的新一代信息系统,主要用于改善企业业务流程以提高企业核心竞争力。

　　企业资源计划系统,是指建立在资讯技术基础上,以系统化的管理思想,为企业决策层及员工提供决策运行手段的管理平台。企业资源计划也是实施企业流程再造的重要工具之一,属于大型制造业所使用的公司资源管理系统。目前,世界 500 强企业中有 80% 的企业运用 ERP 软件作为决策工具,管理日常工作流程。具体而言,ERP 各个字母的含义我们可以展开分析如下。E(Enterprise):包括股份公司、私营企业、合伙企业甚至非营利性组织及政府机构;R(Resource):一切形成企业竞争优势的因素都可以看作资源,企业运作的所有对象,如人、财、物、组织机构、管理制度、社会关系等,它可以是实实在在的物质资源,也可以是诸如时间、信息等虚拟事物;P(Planning):围绕企业各类有限资源进行的,以计划为核心的预测、计算、执行、检查、改进等一系列工作。各种科学可行的计划方法是 ERP 的精髓所在,也是企业能够产生效益的根本原因。这些计划包括销售运营计划、主生产计划、物料需求计划、车间作业计划、资金计划、采购计划、人力资源计划等。

　　ERP 是整合了企业管理理念、业务流程、基础数据、人力物力、计算机硬件和软件于一体的企业资源管理系统。ERP 是先进的企业管理模式,是提高企业经济效益的解决方案。其宗旨是对企业所拥有的人、财、物、信息、时间和空间等资源进行综合平衡和优化管理,协调企业各管理部门,围绕市场导向开展业务活动,提高企业的核心竞争力,从而取得最好的经济效益。所以,ERP首先是一个软件,同时是一个管理工具;它是IT技术与管理思想的融合体,也就是先进的管理思想借助计算机信息网络等软硬件,来达成企业的管理目标,如图1.1所示。

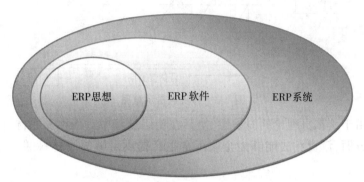

图1.1　ERP概念的三个层次

总而言之,ERP是一个大型系统化、整合性的流程导向系统,整合企业内部财会、制造、进销存等信息流,快速提供决策信息,提升企业的营运绩效与快速反应能力。它是企业信息化的后台心脏与骨干,任何前台的应用系统,诸如CRM,SCM等都是以它为基础的。

1.2　ERP的发展

自美国Gartner Group首先提出ERP的概念之后,仅经过短短几年的时间,ERP便由概念发展到应用。探究ERP概念的渊源,最早可追溯到20世纪30年代的订货点法(Order Point Method),在经历了60年代的时段式物料需求计划(Material Requirements Planning, MRP)、70年代的闭环MRP(Closed-loop MRP)、80年代的MRPⅡ之后,于90年代正式诞生。2000年末,Gartner Group又正式提出了ERPⅡ的概念,并认为到2005年,ERPⅡ将逐渐取代ERP而成为企业内部和企业之间流程管理的首选。下面,分别对从20世纪60年代的订货点法至ERP的诞生进行讲解。

1)订货点法

早在20世纪30年代初期,西方经济学家通过对库存物料随时间推移而被使用和消耗的规律,提出了订货点的方法和理论,并将其运用于企业制造原理中。订货点方法的理论基础较为简单清楚,为每一种物料设置最大库存量和安全库存量,库存物料随着时间的推移而使用和消耗,库存量逐渐减少,当库存数量可供生产使用消耗的时间等于采购此种物料所需用的时间时,就需要开始订货,补充库存。在这种库存控制方法中,必须确定两个参数:订货点和订货批量。订货点相当于一个阈值,达到这个值即触发订货事件。订货点=单位时间物料需求量×订货提前期+安全库存量。订货批量是每次订货的数量。订货点法如图1.2所示。

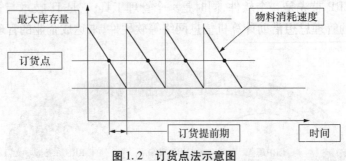

图1.2 订货点法示意图

订货点法由于其本身理论的简易性,使其在使用过程中对库存及原材料两方面有较高要求。在库存方面,订货点法能够为企业正常生产提供足够的原材料,但是会有库存积压现象。

在原材料方面,要求具有以下特点:对各种物料的需求是相对独立的;物料需求是连续发生的;提前期是已知的和固定的;库存消耗之后应立即补充;无法很好地解决何时订货的问题。

随着市场的变化和产品复杂性的增加,订货点不能按照各种物料真正需要的时间来订货,无法预测未来需求等局限日益突出,对需求的判断常常出现失误,进而造成库存积压、物料短缺、库存不平衡等后果。

2)物料需求计划

20世纪60年代,IBM公司的约瑟夫·奥利弗博士提出将物料的需求分为独立需求和相关需求的概念。即市场对产品数量的需求为独立需求,而依赖于产品数量的零部件与原材料需求为相关需求。在此基础上,人们形成了"在需要的时候提供需要的数量"的重要认识,将企业生产过程中可能使用到的原材料、半成品、产品等看作物料,并通过将物料按照结构和需求关系分解为物料清单(Bill of Material, BOM),根据物料清单计算各种原材料的最迟需要时间和半成品的最迟生产时间。

MRP的程序是采用主日程(Master Schedule)所制定的需求,运用物料清单,以前置时间往前推移,将其分解成装配件、零件和原材料在各阶段的需求。经由分解物料清单所产生的数量,就称为毛需求(Gross Requirement),不考虑任何现有库存量或预定接收量。为了配合主生产调度(Master Process Schedule, MPS),实际上要获取的物料则是净需求(Net Requirement)。净需求的决定是MRP程序的核心,计算方法为毛需求减去现有库存量与预定接收量的总和,然后视需求加上安全存货的需求。最后依据净需求以及前置时间推算出订单的发出时间以及数量,如图1.3所示。

MRP是一个根据时段进行的系统,其主要特点如下:

(1)需求的相关性

在流通企业中,各种需求往往是独立的。而在生产系统中,需求具有相关性。例如,根据订单确定了所需产品的数量之后,由新产品结构文件BOM即可推算出各种零部件和原材料的数量,这种根据逻辑关系推算出来的物料数量称为相关需求。不但品种数量有相关性,需求时间与生产工艺过程的决定也是相关的。

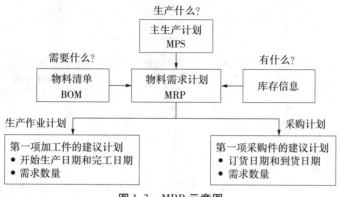

图1.3 MRP 示意图

（2）需求的确定性

MRP 的需求都是根据主生产进度计划、产品结构文件和库存文件精确计算出来的，品种、数量和需求时间都有严格要求，不可改变。

（3）计划的复杂性

MRP 计划要根据主产品的生产计划、产品结构文件、库存文件、生产时间和采购时间，把主产品的所有零部件需要数量、时间、先后关系等准确计算出来。当产品结构复杂，零部件数量特别多时，其计算工作量非常庞大，人力根本不能胜任，必须依靠计算机实施这项工程。

3）闭环物料需求计划

闭环 MRP 是在物料需求计划的基础上，增加对投入与产出的控制，也就是对企业的能力进行校检、执行和控制。闭环 MRP 理论认为，只有在考虑能力的约束，或者对能力提出需求计划，在满足能力需求的前提下，物料需求计划才能保证物料需求的执行和实现。在这种思想要求下，企业必须对投入与产出进行控制，也就是对企业的能力进行校检和执行控制。

（1）闭环 MRP 的原理与过程

整个闭环 MRP 的过程为：企业根据发展的需要与市场需求来制订企业生产规划；根据生产规划制订主生产计划，同时进行生产能力与负荷的分析。该过程主要是针对关键资源的能力与负荷的分析过程。只有通过对该过程的分析，才能达到主生产计划基本可靠的要求。再根据主生产计划、企业的物料库存信息、产品结构清单等信息来制订物料需求计划；由物料需求计划、产品生产工艺路线和车间各加工工序能力数据（即工作中心能力，其有关的概念将在后面介绍）生成对能力的需求计划，通过对各加工工序的能力平衡，调整物料需求计划。如果这个阶段无法平衡能力，还有可能修改主生产计划；采购与车间作业按照平衡能力后的物料需求计划执行，并进行能力的控制，即输入输出控制，根据作业执行结果反馈到计划层。因此，闭环 MRP 能较好地解决计划与控制问题，是计划理论的一次大飞跃（但它仍未彻底地解决计划与控制问题）。这样，MRP 系统进一步发展，把能力需求计划和执行及控制计划的功能也包括进来，形成一个环形回路，称为闭环 MRP，如图1.4所示。

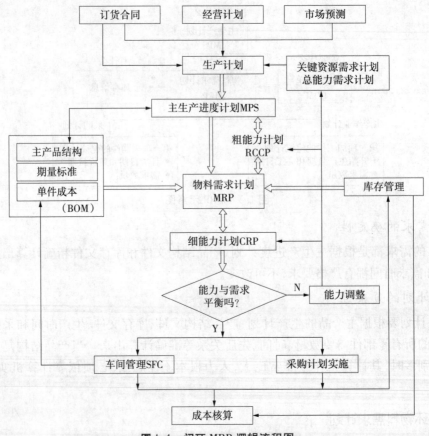

图1.4 闭环 MRP 逻辑流程图

（2）能力需求计划

①资源需求计划与能力需求计划。

在闭环 MRP 系统中，把关键工作中心的负荷平衡称为资源需求计划，或称为粗能力计划，它的计划对象为独立需求件，主要面向的是主生产计划；把全部工作中心的负荷平衡称为能力需求计划（Capacity Requirement Planning，CRP），或称为详细能力计划，而其计划对象为相关需求件，主要面向的是车间。由于 MRP 和 MPS 之间存在内在的联系，因此资源需求计划与能力需求计划之间也是一脉相承的，而后者正是在前者的基础上进行计算的。

②能力需求计划的依据。

A. 工作中心。它是各种生产或加工能力单元和成本计算单元的统称。对工作中心，都统一用工时来量化其能力的大小。

B. 工作日历。它是用于编制计划的特殊形式的日历，是由普通日历除去每周双休日、假日、停工和其他不生产的日子，并将日期表示为顺序形式而形成的。

C. 工艺路线。它是一种反映制造某项"物料"加工方法及加工次序的文件。它说明加工和装配的工序，每道工序使用的工作中心，各项时间定额，外协工序的时间和费用等。

D. 由 MRP 输出的零部件作业计划。

③能力需求计划的计算逻辑。

闭环 MRP 的基本目标是满足客户和市场的需求，因此在编制计划时，总是先不考虑能力约束而优先保证计划需求,然后再进行能力计划。经过多次反复运算,调整核实,才转入下一个阶段。能力需求计划的运算过程就是把物料需求计划订单换算成能力需求数量,生成能力需求报表。这个过程可用图1.5来表示。

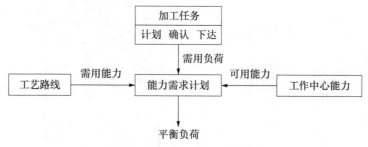

图1.5 能力需求报表生成过程

当然,在计划时段中也有可能出现能力需求超负荷或低负荷的情况。闭环MRP能力计划通常是通过报表的形式(直方图是常用工具)向计划人员报告,但是并不进行能力负荷的自动平衡,这个工作由计划人员人工完成。

(3)现场作业控制

各工作中心能力与负荷需求基本平衡后,接下来的一步就是要集中解决如何具体地组织生产活动,使各种资源既能合理利用又能按期完成各项订单任务,并将客观生产活动进行的状况及时反馈到系统中,以便根据实际情况进行调整与控制,这就是现场作业控制。它的工作内容一般包括以下四个方面:

①车间订单下达。订单下达是核实MRP生成的计划订单,并转换为下达订单。

②作业排序。它是指从工作中心的角度控制加工工件的作业顺序或作业优先级。

③投入产出控制。它是一种监控作业流(正在作业的车间订单)通过工作中心的技术方法。利用投入/产出报告,可以分析生产中存在的问题,采取相应的措施。

④作业信息反馈。它主要是跟踪作业订单在制造过程中的运动,收集各种资源消耗的实际数据,更新库存余额并完成MRP的闭环。

4)制造资源计划

闭环MRP系统的出现,使生产活动方面的各种子系统得到了统一。但这还不够,因为在企业的管理中,生产管理只是一个方面,它所涉及的仅仅是物流,而与物流密切相关的还有资金流。这在许多企业中是由财会人员另行管理的,这就造成了数据的重复录入与存储,甚至造成数据的不一致。1977年9月,美国著名的生产管理专家奥列弗·怀特提出了一个新概念——制造资源计划。

(1)MRPⅡ的原理与逻辑

作为一种新的管理理念,MRPⅡ围绕企业的基本经营目标,以生产计划为主线,以优化企业资源配置为核心,对企业制造的各种资源进行统一计划和控制,实现了物流、信息流和资金流三流的集成,被称为制造资源计划(Manufacturing Resource Planning)系统,英文缩写还是MRP,为了区别物料需求计划(也缩写为MRP)而记为MRPⅡ。MRPⅡ的逻辑流程如图1.6所示。闭环MRP与MRPⅡ的区别如图1.7所示。

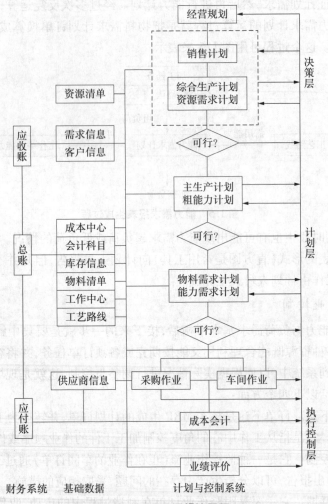

图 1.6　MRP Ⅱ 逻辑流程图

MRP Ⅱ 实现了物流与资金流的统一,可以由生产活动直接生成财务数据,把实物形态的物流流动直接转换为价值形态的资金流动,保证生产和财务数据的一致性。财务人员及时得到资金信息用来控制成本;通过资金流动状况反映物流和生产经营情况,随时分析企业的经济效益,参与决策,指导和控制生产经营活动。

（2）MRP Ⅱ 管理模式的特点

MRP Ⅱ 的特点可以从以下几个方面来说明,每一项特点都含有管理模式的变革和人员素质或行为的变革两方面,这些特点是相辅相成的。

①计划的一贯性与可行性。

MRP Ⅱ 是一种计划主导型管理模式,计划层次从宏观到微观、从战略到技术、由粗到细逐层优化,但始终保证与企业经营战略目标一致。它把通常的三级计划管理统一起来,计划编制工作集中在厂级职能部门,车间班组只能执行计划、调度和反馈信息。计划下达前反复验证和平衡生产能力,并根据反馈信息及时调整,处理好供需矛盾,保证计划的一贯性、有效性和可执行性。

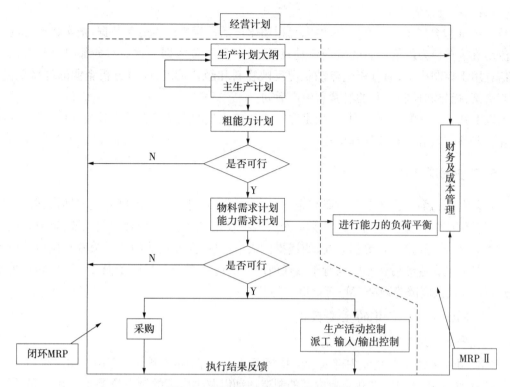

图 1.7　闭环 MRP 与 MRP Ⅱ 的区别

②管理的系统性。

MRP Ⅱ是一项系统工程,它把企业所有与生产经营直接相关的部门的工作联结成一个整体,各部门都从系统整体出发做好本职工作,每个员工都知道自己的工作同其他职能密切相关。这只有在"一个计划"下才能成为系统,条块分割、各行其是的局面应被团队精神所取代。

③数据共享性。

MRP Ⅱ是一种制造企业管理信息系统,企业各部门都依据同一数据信息进行管理,任何一种数据变动都能及时地反映给所有部门,做到数据共享。在统一的数据库支持下,按照规范化的处理程序进行管理和决策,改变了过去那种信息不通、情况不明、盲目决策和相互矛盾的现象。

④动态应变性。

MRP Ⅱ是一个闭环系统,它要求跟踪、控制和反馈瞬息万变的实际情况,管理人员可随时根据企业内外环境条件的变化迅速做出响应,及时决策调整,保证生产正常进行。它可以及时掌握各种动态信息,保持较短的生产周期,因而有较强的应变能力。

⑤模拟预见性。

MRP Ⅱ具有模拟功能。它可以解决"如果怎样……将会怎样"的问题,可以预见在相当长的计划期内可能发生的问题,事先采取措施消除隐患,而不是等问题已经发生了再花几倍的精力去处理。这将使管理人员从忙碌的事务中解脱出来,致力于实质性的分析研究,提供多个可行方案供领导决策。

⑥物流、资金流的统一。

MRP Ⅱ包含成本会计和财务功能，可以由生产活动直接产生财务数据，把实物形态的物料流动直接转换为价值形态的资金流动，保证生产和财务数据一致。财务部门及时得到资金信息用于控制成本，通过资金流动状况反映物料和经营情况，随时分析企业的经济效益，参与决策，指导和控制企业的经营和生产活动。

以上几个方面的特点表明，MRP Ⅱ是一个比较完整的生产经营管理计划体系，是实现制造业企业整体效益的有效管理模式。

5）企业资源计划

企业资源计划是由产业科技研究企业 Gartner Group 于 20 世纪 90 年代初期依据信息技术发展及供应链管理提出的。ERP 是一个大型模块化、集成性的流程导向系统，集成企业内部财务会计、制造、进销存等信息流，快速提供决策信息，提升企业的营运绩效与快速反应能力。它是 e 化企业的后台心脏与骨干。任何前台的应用系统包括电子商务（EC）、客户关系管理（CRM）、供应链管理（SCM）等都以它为基础。

（1）ERP 同 MRP Ⅱ 的主要区别

①在资源管理范围方面的差别。

MRP Ⅱ主要侧重对企业内部人、财、物等资源的管理，ERP 系统在 MRP Ⅱ 的基础上扩展了管理范围，它把客户需求和企业内部的制造活动以及供应商的制造资源整合在一起，形成企业一个完整的供应链并对供应链上所有环节，如订单、采购、库存、计划、生产制造、质量控制、运输、分销、服务与维护、财务管理、人事管理、实验室管理、项目管理、配方管理等进行有效管理。

②在生产方式管理方面的差别。

MRP Ⅱ系统把企业归类为几种典型的生产方式进行管理，如重复制造、批量生产、按订单生产、按订单装配、按库存生产等，对每一种类型都有一套管理标准。而在 20 世纪 80 年代末、90 年代初期，为了紧跟市场的变化，多品种、小批量生产以及看板式生产等则是企业主要采用的生产方式，由单一的生产方式向混合型生产发展，ERP 则能很好地支持和管理混合型制造环境，满足了企业多元化经营需求。

③在管理功能方面的差别。

ERP 除了 MRP Ⅱ 系统的制造、分销、财务管理功能外，还增加了支持整个供应链上物料流通体系中供、产、需各个环节之间的运输管理和仓库管理；支持生产保障体系的质量管理、实验室管理、设备维修和备品备件管理；支持对工作流（业务处理流程）的管理。

④在事务处理控制方面的差别。

MRP Ⅱ是通过计划的及时滚动来控制整个生产过程，它的实时性较差，一般只能实现事中控制。而 ERP 系统支持在线分析处理（Online Analytical Processing, OLAP）、售后服务即质量反馈，强调企业的事前控制能力，它可以将设计、制造、销售、运输等业务集成，并行地进行各种相关作业，并对质量、适应变化、客户满意、绩效等关键问题进行实时分析。

此外，在 MRP Ⅱ中，财务系统只是一个信息的归结者，它的功能是将供、产、销中的数量信息转变为价值信息，是物流的价值反映。而 ERP 系统则将财务计划和价值控制功能集成到了整个供应链上。

⑤在跨国(或地区)经营事务处理方面的差别。

现代企业的发展,使得企业内部各个组织单元之间、企业与外部的业务单元之间的协调变得越来越多和越来越重要,ERP系统应用完整的组织架构,可以支持跨国经营的多国家地区、多工厂、多语种、多币制应用需求。

⑥在计算机信息处理技术方面的差别。

IT技术的飞速发展,网络通信技术的应用,使ERP系统得以实现对整个供应链信息进行集成管理。ERP系统采用客户/服务器(C/S)体系结构和分布式数据处理技术,支持Internet/Intranet/Extranet、电子商务(E-business, E-commerce)、电子数据交换(EDI),此外,还能实现在不同平台上的互操作。

(2)ERP系统的管理思想

ERP的核心管理思想就是实现对整个供应链的有效管理,主要体现在以下三个方面:

①体现对整个供应链资源进行管理的思想。

现代企业的竞争已经不是单一企业与单一企业间的竞争,而是一个企业的供应链与另一个企业的供应链之间的竞争,即企业不但要依靠自己的资源,还必须把经营过程中的有关各方如供应商、制造工厂、分销网络、客户等纳入一个紧密的供应链中,才能在市场上获得竞争优势。ERP系统正是适应了这一市场竞争的需要,实现了对整个企业供应链的管理。

②体现精益生产、同步工程和敏捷制造的思想。

ERP系统支持混合型生产方式的管理,其管理思想表现在两个方面:其一是精益生产(Lean Production, LP)的思想,即企业把客户、销售代理商、供应商、协作单位纳入生产体系,同他们建立起利益共享的合作伙伴关系,进而组成一个企业的供应链。其二是敏捷制造(Agile Manufacturing, AM)的思想。当市场上出现新的机会,而企业的基本合作伙伴不能满足新产品开发生产的要求时,企业组织一个由特定的供应商和销售渠道组成的短期或一次性供应链,形成"虚拟工厂",把供应和协作单位看成企业的一个组成部分,运用"同步工程(Synchronization Engineering, SE)",组织生产,用最短的时间将新产品打入市场,时刻保持产品的高质量、多样化和灵活性,这就是敏捷制造的核心思想。

③体现事先计划与事中控制的思想。

ERP系统中的计划体系主要包括主生产计划、物流需求计划、能力计划、采购计划、销售执行计划、利润计划、财务预算和人力资源计划等,而且这些计划功能与价值控制功能已完全集成到整个供应链系统中。同时,ERP系统通过定义事务处理相关的会计核算科目与核算方式,在事务处理发生的同时自动生成会计核算分录,保证了资金流与物流的同步记录和数据的一致性,从而实现了根据财务资金现状可以追溯资金的来龙去脉,并进一步追溯所发生的相关业务活动,便于实现事中控制和实时做出决策。

ERP的发展历程如图1.8所示。

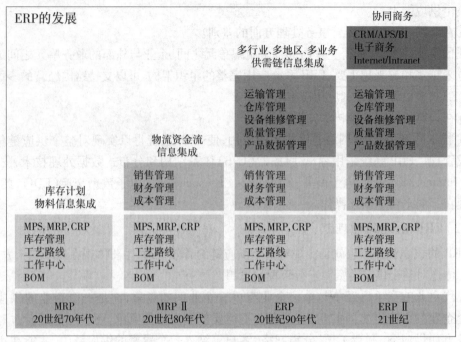

图1.8 ERP 发展历程示意图

1.3 ERP 的内容

ERP 是将企业所有资源进行整合集成管理,简单地说是将企业的三大流:物流、资金流、信息流进行全面一体化管理的管理信息系统。它的功能模块不同于以往的 MRP 或 MRP Ⅱ 的模块,它不仅可用于生产企业的管理,而且在许多其他类型的企业如一些非生产、公益事业的企业也可导入 ERP 系统进行资源计划和管理。这里我们将仍然以典型的生产企业为例介绍 ERP 的功能模块。

在企业中,一般的管理主要包括三方面的内容:生产控制(计划、制造)、物流管理(分销、采购、库存管理)和财务管理(会计核算、财务管理)。这三大系统本身就是集成体,它们互相之间有相应的接口,能够很好地整合在一起来对企业进行管理。另外,要特别一提的是,随着企业对人力资源管理重视的加强,已经有越来越多的 ERP 厂商将人力资源管理纳入 ERP 系统。

1)财务管理模块

企业中,清晰分明的财务管理是极其重要的。所以,在 ERP 整个方案中它是不可或缺的一部分。ERP 中的财务模块与一般的财务软件不同,作为 ERP 系统中的一部分,它和系统的其他模块有相应的接口,能够相互集成,比如:它可将由生产活动、采购活动输入的信息自动计入财务模块生成总账、会计报表,取消了输入凭证烦琐的过程,几乎完全替代了以往传统的手工操作。一般的 ERP 软件的财务部分分为会计核算与财务管理两大块。

（1）会计核算

会计核算主要是记录、核算、反映和分析资金在企业经营活动中的变动过程及其结果。它由总账、应收账、应付账、现金管理、固定资产核算、多币制、工资核算和成本等部分构成。

①总账模块。

它的功能是处理记账凭证输入、登记，输出日记账、一般明细账及总分类账，编制主要会计报表。它是整个会计核算的核心，应收账、应付账、固定资产核算、现金管理、多币制、工资核算等各模块都是以其为中心来互相传递信息的。

②应收账模块。

应收账是指企业应收的由于商品赊欠而产生的正常客户欠款账。它包括发票管理、客户管理、付款管理、账龄分析等功能。它和客户订单、发票处理业务相联系，同时将各项事件自动生成记账凭证，导入总账。

③应付账模块。

会计里的应付账是企业应付购货款等账，包括发票管理、供应商管理、支票管理、账龄分析等。它能够和采购模块、库存模块完全集成以替代过去烦琐的手工操作。

④现金管理模块。

它主要是对现金流入流出的控制以及零用现金及银行存款的核算。它包括对硬币、纸币、支票、汇票和银行存款的管理。在 ERP 中提供了票据维护、票据打印、付款维护、银行清单打印、付款查询、银行查询和支票查询等和现金有关的功能。此外，它还和应收账、应付账、总账等模块集成，自动产生凭证，过入总账。

⑤固定资产核算模块。

该模块是完成对固定资产的增减变动以及折旧有关基金计提和分配的核算工作。它能够帮助管理者对目前固定资产的现状有所了解，并能通过该模块提供的各种方法来管理资产，以及进行相应的会计处理。它的具体功能有：登录固定资产卡片和明细账，计算折旧，编制报表，以及自动编制转账凭证，并转入总账。它和应付账、成本、总账模块集成。

⑥多币制模块。

这是为了适应当今企业的国际化经营对外币结算业务的要求增多而产生的。多币制将企业整个财务系统的各项功能以各种币制来表示和结算，且客户订单、库存管理及采购管理等也能使用多币制进行交易管理。多币制和应收账、应付账、总账、客户订单、采购等各模块都有接口，可自动生成所需数据。

⑦工资核算模块。

该模块自动进行企业员工的工资结算、分配、核算以及各项相关经费的计提。它能够登录工资、打印工资清单及各类汇总报表，计算计提各项与工资有关的费用，自动做出凭证，导入总账。这一模块是和总账、成本模块集成的。

⑧成本模块。

它将依据产品结构、工作中心、工序、采购等信息进行产品的各种成本的计算，以便进行成本分析和规划。

（2）财务管理

财务管理的功能主要是基于会计核算的数据，再加以分析，从而进行相应的预测、管理和控制活动。它侧重于财务计划、控制、分析和预测。

财务计划：根据前期财务分析做出下期的财务计划、预算等。

财务分析：提供查询功能和通过用户定义的差异数据的图形显示进行财务绩效评估、账户分析等。

财务决策：财务管理的核心部分，中心内容是做出有关资金的决策，包括资金筹集、投放及资金管理。

2）生产控制管理模块

这一部分是 ERP 系统的核心所在，它将企业的整个生产过程有机地结合在一起，使企业能够有效地降低库存、提高效率。同时，各个原本分散的生产流程的自动连接也使生产流程能够前后连贯地进行，而不会出现生产脱节，耽误生产交货时间。

生产控制管理是一个以计划为导向的先进的生产、管理方法。首先，企业确定它的一个总生产计划，再经过系统层层细分后，下达到各部门去执行。即生产部门以此生产，采购部门按此采购等。

（1）主生产计划

它是根据生产计划、预测和客户订单的输入来安排将来的各周期中提供的产品种类和数量，将生产计划转为产品计划，在平衡了物料和能力的需要后，精确到时间、数量的详细的进度计划。它是企业在一段时期内的总活动的安排，是一个稳定的计划，是以生产计划、实际订单和对历史销售分析得来的预测产生的。

（2）物料需求计划

在主生产计划决定生产多少最终产品后，再根据物料清单，把整个企业要生产的产品的数量转变为所需生产的零部件的数量，并对照现有的库存量，可得到还需加工多少、采购多少的最终数量。这才是整个部门真正依照的计划。

（3）能力需求计划

它是在得出初步的物料需求计划之后，将所有工作中心的总工作负荷与工作中心的能力平衡后产生的详细工作计划，用以确定生成的物料需求计划是否是企业生产能力上可行的需求计划。能力需求计划是一种短期的、当前实际应用的计划。

（4）车间控制

这是随时间变化的动态作业计划，是将作业分配到具体各个车间，再进行作业排序、作业管理、作业监控。

（5）制造标准

在编制计划时需要许多生产基本信息，这些基本信息就是制造标准，包括零件、产品结构、工序和工作中心，都用唯一的代码在计算机中识别。

①零件代码。零件代码对物料资源进行管理，对每种物料给予唯一的代码识别。

②物料清单。它是定义产品结构的技术文件,用来编制各种计划。

③工序。工序用于描述加工步骤及制造和装配产品的操作顺序。它包含加工工序,指明各道工序的加工设备及所需要的额定工时和工资等级等。

④工作中心。工作中心是指由使用相同或相似工序的设备和劳动力组成的,从事生产进度安排、核算能力、计算成本的基本单位。

3)物流管理

(1)分销管理

对销售的管理是从产品的销售计划开始的,对其销售产品、销售地区、销售客户各种信息进行管理和统计,并对销售数量、金额、利润、绩效、客户服务做出全面的分析。这样在分销管理模块中大致有三方面的功能。

①对客户信息的管理和服务。

它能建立一个客户信息档案,对其进行分类管理,进而对其进行针对性的客户服务,以最高效率地保留老客户、争取新客户。在这里,要特别提到的是最近新出现的 CRM 软件,即客户关系管理,ERP 与它的结合必将大大增加企业的效益。

②对销售订单的管理。

销售订单是 ERP 的入口,所有的生产计划都是根据它下达并进行排产的。而销售订单的管理贯穿产品生产的整个流程。它包括以下方面:

A.客户信用审核及查询(客户信用分级,来审核订单交易)。

B.产品库存查询(决定是否要延期交货、分批发货或用代用品发货等)。

C.产品报价(为客户做不同产品的报价)。

D.订单输入、变更及跟踪(订单输入后,进行变更及跟踪分析)。

E.交货期的确认及交货处理(决定交货期和发货事物安排)。

③对销售的统计与分析。

这时系统根据销售订单的完成情况,依据各种指标做出统计,比如客户分类统计、销售代理分类统计等,再就这些统计结果对企业实际销售效果进行评价。

A.销售统计(根据销售形式、产品、代理商、地区、销售人员、金额、数量分别进行统计)。

B.销售分析(包括对比目标、同期比较和订货发货分析,从数量、金额、利润及绩效等方面做相应的分析)。

C.客户服务(客户投诉记录、原因分析)。

(2)库存控制

用来控制存储物料的数量,以保证稳定的物流支持正常的生产,但又最小限度地占用资本。它是一种相关的、动态的及真实的库存控制系统。它能够结合、满足相关部门的需求,随时间变化动态地调整库存,精确地反映库存现状。这一系统的功能又涉及以下方面:

①为所有的物料建立库存,决定何时订货采购,同时作为采购部门采购、生产部门做生产计划的依据。

②收到订购物料,经过质量检验入库,生产的产品也同样要经过检验入库。

③收发料的日常业务处理工作。

（3）采购管理

确定合理的订货量、优秀的供应商和保持最佳的安全储备。能够随时提供订购、验收的信息，跟踪和催促外购或委外加工的物料，保证货物及时到达。建立供应商的档案，用最新的成本信息调整库存的成本。具体包括以下方面：

①供应商信息查询（查询供应商的能力、信誉等）。

②催货（对外购或委外加工的物料进行跟催）。

③采购与委外加工统计（统计、建立档案、计算成本）。

④价格分析（对原材料进行价格分析，调整库存成本）。

（4）批次跟踪管理

许多行业都要求物资在流转的过程中，进行产品批次的跟踪管理，一旦产品出现质量问题，就可以通过产品批次追溯。这样可以清楚地知道哪些原材料，或是零部件，或是哪道工序的工艺出现了问题，方便将同样有问题的产品进行隔离。

4）人力资源管理

以往的 ERP 系统基本上都是以生产制造及销售过程（供应链）为中心的。因此，长期以来一直把与制造资源有关的资源作为企业的核心资源进行管理。但近年来，企业内部的人力资源开始越来越受到企业的关注，被视为企业的资源之本。在这种情况下，人力资源管理作为一个独立的模块，被加入 ERP 的系统中，和 ERP 中的财务、生产系统组成了一个高效的、具有高度集成性的企业资源系统。它与传统方式下的人事管理有着根本的不同。

（1）人力资源规划的辅助决策

该系统可对企业人员、组织结构编制的多种方案进行模拟比较和运行分析，并辅之以图形的直观评估，辅助管理者做出最终决策。

制订职务模型，包括职位要求、升迁路径和培训计划，根据担任该职位员工的资格和条件，系统会提出针对本员工的一系列培训建议，一旦机构改组或职位变动，系统会提出一系列的职位变动或升迁建议。

进行人员成本分析，可以对过去、现在、将来的人员成本做出分析及预测，并通过 ERP 集成环境，为企业成本分析提供依据。

（2）招聘管理

人才是企业最重要的资源。优秀的人才才能保证企业持久的竞争力。招聘系统一般从以下方面提供支持：

①进行招聘过程的管理，优化招聘过程，减少业务工作量。

②对招聘的成本进行科学管理，从而降低招聘成本。

③为选择聘用人员的岗位提供辅助信息，并有效地帮助企业进行人才资源的挖掘。

（3）工资核算

①能根据公司跨地区、跨部门、跨工种的不同薪资结构及处理流程制订与之相适应的薪资核算方法。

②与时间管理直接集成，能够及时更新，对员工的薪资核算实现动态化。

③回算功能。通过和其他模块的集成,自动根据要求调整薪资结构及数据。

（4）工时管理

①根据本国或当地的日历,安排企业的运作时间以及劳动力的作息时间表。

②运用远端考勤系统,可以将员工的实际出勤状况记录到主系统中,并把与员工薪资、奖金有关的时间数据导入薪资系统和成本核算中。

（5）差旅核算

系统能够自动控制从差旅申请、差旅批准到差旅报销的整个流程,并且通过集成环境将核算数据导入财务成本核算模块中。

一般 ERP 构成如图 1.9 所示。

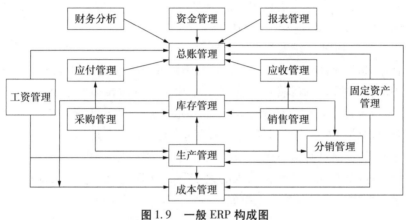

图1.9 一般 ERP 构成图

1.4 ERP 的实施

ERP 由于其自身特点,不仅仅是一个软件,更重要的是一种管理思想,它实现了企业内部资源和企业相关的外部资源的整合。通过软件把企业的人、财、物、产、供、销及相应的物流、信息流、资金流和管理流等紧密地集成起来,实现资源优化和共享,这就是 ERP。

1）公司前期准备

（1）思想准备

思想往往决定行动的过程,实际上也就往往决定了行动的结果。ERP 系统的实施也是这样,它是否可以在企业成功实施,很大程度上取决于企业高层人员实施 ERP 系统的动机、对 ERP 的认识、对 ERP 的期望以及对企业管理现状的认识等。因此,企业在实施 ERP 系统之前,高层管理人员应在思想上清楚地知道:

①实施 ERP 系统的动机是什么? 是发自内心的需求,还是外在的压力? 是企业未来发展的战略部署,还是出于攀比心理?

②什么是 ERP? 对 ERP 的期望是什么? 对这一问题,许多企业主或高层管理人员往往

有种误解,即认为 ERP 就是将我们手工的统计作业等电脑化。但实际上,ERP 的精髓应该是规范企业的管理,规范企业的作业流程,并使企业的所有资源得到更为有效和高效的运用。

③对目前企业管理现状的评价是什么? 是否可以接受或者说准备改变目前企业的部分流程和制度? 一般来说,企业的许多管理者,往往会沉醉于目前的管理绩效中;企业的绝大多数作业人员往往也有一种定式,那就是,现在是如何做的。因此,管理人员,尤其是高层管理人员是否有决心改变这种状况?

（2）组织准备

由于 ERP 系统的实施是个复杂的系统工程,涉及企业的各个职能部门和各层级管理人员,因此,仅靠 ERP 公司和企业信息中心的努力是不够的。所以,建立一个强势的、跨部门的 ERP 实施组织,也是 ERP 成功实施的保证。

以下给出了企业 ERP 系统实施的组织规划:

①成立企业 ERP 项目领导小组,全权负责 ERP 系统的上线计划、部门协调和运行绩效考核,决定 ERP 系统的运作流程和系统修改等事项。项目领导小组建议由企业权责主管出任组长,ERP 提供商项目经理出任副组长,信息中心主管任总干事,各部门主管则为其成员。总干事负责项目领导小组会议的召集以及各部门系统实施的协调。

②成立企业 ERP 项目实施小组,与 ERP 供应商具体负责 ERP 系统的实施、各层级人员的教育训练、系统的日常维护和数据录入的检核等。ERP 实施小组成员建议主要由信息中心人员和各部门助理或部门资深员工组成。

（3）财力准备

ERP 系统是一个庞大的网络信息管理系统,因此,无论是系统本身或者是其运行的平台,都需要企业有较大的投入。就 ERP 软件本身,国外知名 ERP 软件,如 SAP, ORACLE 等,一般都在几百万元甚至上千万元人民币以上,而国内真正的 ERP 软件也动辄几十万元、上百万元。再者,ERP 软件是要借助于计算机网络系统运行的,因此,硬件投资也是一个庞大的数字。所以,企业在正式实施 ERP 前,应在财力上做好充分的准备。

（4）资料准备

ERP 系统的顺利运行,还有赖于大量的、正确的基础资料。以鞋厂为例,这些基础资料包括材料资料、鞋型资料、鞋型部位资料、鞋型部位材料资料等,因此,在正式实施 ERP 系统前,应对 ERP 系统所需要的基础资料进行收集、整理、规范和编码,这样,在 ERP 正式实施时,就可以比较顺利地进行。

2）企业与 ERP 系统对接准备

（1）ERP 的选型

ERP 的选型是实施 ERP 系统成功的第一步。在选择 ERP 时,一定要选择专业性、行业性的 ERP,选择的公司不需要特别有名气,但必须有良好的资信记录和丰富的行业经验。此外,还应特别注意该公司是否对其 ERP 产品有无可争议的知识产权。

因此,在选择 ERP 系统时,应清楚地了解:是否所有 ERP 系统都适合各个行业、适合各种类型的企业？答案是否定的。因为每个行业都各有特点，不是每个 ERP 系统可以同时适合的。选择 ERP 时，要特别了解所选 ERP 是否具有行业性，软件公司是否在同行业的企业有成功实施的案例建议。最好亲自到已经成功实施 ERP 系统的企业去了解。

好的服务，仍会面临非常大的风险。说白了，IT 行业实际上是个服务性行业，如果 ERP 系统供应商没有提供完整的顾问服务，仍可能不能很好地使用 ERP。

有关法律法规明确规定，使用有侵权嫌疑的产品也将承担法律责任。因此，需特别检查其 ERP 的软件著作权登记证书，以免有涉嫌侵害知识产权的问题出现。

（2）营造气氛，统一认识

在确定实施 ERP 系统后准备实施前，应该在企业营造出一种变革的气氛，广泛开展各层级管理人员和作业人员的教育训练，使他们清楚地知道什么是 ERP，公司为什么需要实施ERP，实施 ERP 后企业的作业是怎样的等，进而统一各层级人员对 ERP 的认识。与此同时，还应就 ERP 系统的实施拟订相关的管理和作业制度，确保系统的顺利实施。

（3）系统试运行 ERP

选型确定后，还需了解 ERP 系统的作业流程与企业实际作业的差异，ERP 系统目前的功能与企业需求的差异等，而这些不能从 ERP 公司的系统演示中看出，它需要通过实际的案例进行检验。因此，系统的试运行也是 ERP 系统能否成功实施的关键之一。所以在正式实施 ERP 系统前，需建立一个较小的网络运行环境，由各部门资深人员进行系统的试运行，找出差异，并同时检查系统的稳定性、快捷性、安全性等。

在此阶段，还应详细拟订各种基础资料的编码方案，如材料编码方案、部位编码方案、部门编码方案、订单编码方案等，并进行讨论和确定，以便在正式实施时可较快地进行。

（4）需求差异检讨及确认

任何 ERP 系统都不可能与企业实际作业完全相同，即使是专业化、行业化的 ERP 系统也一样。而任何企业又都可能有自己特别成功的管理方式与方法，因此，ERP 系统与实施企业的作业存在差异应该是正常的。关键是在系统试运行后，应就 ERP 系统与企业当前的作业差异进行全面、客观的检讨，分析产生的原因，确定解决的办法。在此作业中，应由企业高层主管及各部门主管直接参与讨论，以全面检讨目前企业的作业流程和制度，从而决定解决问题的方法，说白了就是修改 ERP 系统还是修改企业的作业流程或作业习惯。

（5）制度修订与系统修改

在需求差异确定后，作为实施企业来说，应该立即进行的是制度的修订和流程的调整。而对 ERP 公司来说，则是系统作业的修正。在此阶段，企业并不是将实施工作全部停顿下来，而是应该利用本阶段的时间建立全面的基础资料档案，并进一步强化各层级管理人员的教育训练。

（6）系统正式实施

在企业制度完成修订和 ERP 公司完成系统的修正后，即可开始全面实施 ERP 系统的各管理模块。当然，在正式实施过程中，不可能一蹴而就，而是应该按计划、有步骤地配合软件公司下派的 ERP 实施顾问进行。

①建立当前和未来 3 个月产品的所有资料，如材料资料、产品资料、产品 BOM 资料、订

单资料等。只有完整、全面、正确的基础资料,才能保证后续系统作业的顺利进行。前期基础资料的材料资料由 ERP 实施小组成员集中建立。而产品 BOM 资料、订单资料、厂商资料等则应由相关部门的作业人员建立。

②完成 ERP 系统物流部分的系统实施,主要是采购(含材料加工)、仓库等系统的实施。对于原始设备制造商(Original Equipment Manufacturer, OEM)的企业来说,由于其材料采购基本上是依据订单进行的,并且许多材料又是从国外进口的,也有些供应商的材料需要转厂,因此,在本阶段实施的系统还应包括业务、报关等。应该说,这部分系统是企业 ERP 系统最为核心的系统,关联最紧密的系统,同时也是可能给实施企业带来最大效益的系统,因此,如果这部分系统不能成功实施,则基本上可以确定整个 ERP 系统的实施失败。

③完成 ERP 系统现场信息管理部分系统的实施,主要是计划、订单生产、中仓、成品仓的管理等。这部分系统相对简单,因此其实施会相对容易一些。

④完成人力资源系统,包括人事、考勤、薪资(含件资)等系统的实施。由于人力资源系统与其他系统的关联性较小,因此,这部分系统实际上可以在任何时间点进行。

⑤完成财务系统的实施。ERP 中的财务系统一般与其他系统关联非常紧密,尤其是其中的应收和应付管理部分,应是与订单出货和材料订购、仓库收料等密切关联,因此,这部分系统需要在业务系统、采购系统、仓库系统等实施完成后才能实施。

⑥完成与客户、供货商信息互动部分系统的实施。一般的 ERP 系统不一定会有这部分的系统,但如果有的话,可以安排在最后进行。当然,供应商关系管理部分也可安排与采购系统同时实施。

⑦验收与总结系统实施完成后,应对整个系统的运行效率和效益做出定性、定量和客观公正的评估,总结经验,表彰对 ERP 系统实施有突出贡献者。

3)企业对 ERP 系统的实施

(1)初次调研

ERP 系统软件提供商的实施顾问人员能够初步了解企业各个部门的业务流程,能收集到各个部门业务流程的所有单据,认识各个部门的人员,了解他们对 ERP 的认识和期望,以便制订工作计划。

(2)系统培训

能够让企业所有人员认识到什么是 ERP,应用 ERP 系统能给企业带来怎样的效益,另外就是 ERP 软件的各个系统的功能培训。

(3)流程拟订

实施顾问人员根据自己对该企业的了解结合自己对企业所在行业的累积经验,结合 ERP 系统拟订出一个符合企业需求的业务流程,能在系统中得到合理的体现。

(4)编码原则

企业能在实施顾问人员的指导下,制订企业应用 ERP 的基本原则,其中包括物料的编码原则,供应商、客户的编码原则,产品结构(包括 BOM 架阶)的分阶建立等。

（5）资料收集

企业人员在熟悉各项编码原则的基础上，收集企业应用 ERP 管理所需要的基本资料，包括物料资料、供应商、客户、部门、人员等。

（6）流程测试

企业人员测试流程拟订的合理性，并使用企业实际的业务流程来测试 ERP 系统的功能完善性和操作的方便性。

（7）期初导入

搜集 ERP 系统上线的期初数据，并在实施顾问人员的指导下录入 ERP 系统，为企业正式应用 ERP 系统夯实基础。

（8）上线辅导

将企业的实际业务数据录入 ERP 系统中进行处理，一般在系统上线的第一、第二个月，有必要用模式进行，以防企业人员在上线期初操作不熟练而造成错误。

（9）月结辅导

在应用系统一个自然月后，通过 ERP 系统导出企业管理所需要的各种报表，检验报表的完善性和数据的准确性。

4）ERP 实施的规范化过程

一个企业要成功实施一个 ERP 系统，单纯地采用以上 9 个步骤是远远不够的，ERP 的实施是一个非常规范的过程，因此，在这里将 ERP 的实施过程分作两大块。

（1）实施文档全面贯穿实施过程

实施顾问人员在实施的过程中，应将各种标准的实施文档提交给企业，以确保 ERP 实施项目的高质量运行，也就是说，顾问与企业之间的工作与文档的制作息息相关，可见文档在实施进程中的重要性非同一般。

①书面化的文档有助于实施人员与企业人员明确了解各自的职责，信息互通，共同把握实施过程的节奏。

②标准业务流程文档更有助于双方明晰业务流程，有效配合业务流程的重组和优化。

③标准编码、数据文档及标准参数设置文档是实施中不可或缺的基础资料，可有效减少重复工作，避免对正常工作的影响。

④功能操作指南文档可帮助最终用户规范化操作，加强培训效果。

前面提到，ERP 的实施工作可能长达数年不定，在这个时间跨度中，企业在最初实施 ERP 时确定的 ERP 项目的人员，也许难免要发生一些变化，那么，在发生变化时，ERP 实施文档就可以承担起指导双方快速工作的标准文档的作用；还有，当实施完成后，企业的运行过程将是更漫长的过程，那么实施的标准文档就将成为企业实施信息化的公共载体，成为指导企业后续工作的航标，为企业在后续人员培训方面提供详尽的素材。

（2）培训全面贯穿实施过程

在 ERP 实施的过程中，培训始终作为一条主线。在系统实施过程中，培训对象包括以下四类：企业领导层、核心小组、技术小组、最终用户。

①企业领导层的培训。对高层的培训主要是 ERP 管理理念的培训，通常会由软件提供商安排较资深的顾问对企业领导层进行 ERP 管理思想的培训，使企业领导层能够从总体上理解 ERP 系统的理念、流程和功能。

②核心小组（包括项目负责人、部门经理）的培训。这一类的培训内容包括 ERP 系统的管理概念、ERP 系统的具体功能以及 ERP 系统各种报表的应用。

③技术小组的培训。技术小组的成员主要包括参与 ERP 系统及相关 Database 和网络安装、设置及管理的信息部门成员。培训的主要目标是提供 ERP 系统的设计结构、各个模块的关联关系与数据库结构，处理系统问题等。

④最终用户的培训。培训的目的是使用户能清楚地了解 ERP 是什么，怎样通过它提高个人及整体的业务表现，使用户发觉其工作内容的变化及 ERP 将如何融入其日常工作。同时向用户提供从现状到未来迁移过程中通用的术语，指导用户如何使用 ERP 完成其工作。

第2章

企业经营沙盘概述

2.1 企业经营沙盘简介

"沙盘"最早源于军事上,即用沙土或其他材料做成的地形模型,后来不断发展演变,现在有地形沙盘、建筑模拟沙盘、工业地形沙盘、房地产沙盘、企业经营沙盘等。

1978年,瑞典皇家工学院开发出一门用于管理实践教学的课程——企业经营管理沙盘模拟演练,主要用于对职业经理人、MBA、经济管理类学生进行培训,以提高他们在实际经营环境中决策和运作的能力。企业经营管理沙盘模拟演练虽然将企业经营进行了简化,但却能反映企业经营的本质,让学员在沙盘模型上进行企业经营管理的实战演练,为管理实践教学提供了良好的手段。

企业沙盘模拟培训源自西方军事上的战争沙盘模拟推演。英、美知名商学院和管理咨询机构很快意识到这种方法同样适合企业对中、高层经理的培养和锻炼,随即对军事沙盘模拟推演进行广泛借鉴与研究,最终开发出了企业沙盘实战模拟培训这一新型现代培训模式。

ERP模拟沙盘是结合现代企业经营与管理技术——ERP所设计的角色体验的实验平台。模拟沙盘按照制造企业的职能部门划分了数个职能中心,包括营销与规划中心、生产中心、物流中心和财务中心,各职能中心涵盖了企业运营诸如战略规划、资金筹集、市场营销、产品研发、生产组织、物资采购、设备投资与改造、财务核算与管理等所有关键环节。以职能中心为设计主线,把企业运营所处的内外环境抽象为一系列的规则,由受训者组成数个相互竞争的模拟企业。通过学员参与、沙盘载体、模拟经营、对抗演练、讲师评析、学员感悟等一系列的实验环节,融理论与实践于一体、集角色扮演与岗位体验于一身的设计思想,使受训者在分析市场、制订战略、营销策划、组织生产、财务管理等一系列活动中,感悟管理科学规律、培养团队精神,对企业资源的管理过程进行仿真体验,以求全面提升管理决策能力。

2.2 企业经营沙盘教学目标

沙盘模拟作为一种体验式的教学方式,是继传统教学及案例教学之后的一种教学创新。借助沙盘模拟,可以强化学员的管理知识、训练管理技能、全面提高学员的综合素质。沙盘模拟教学融理论与实践于一体、集角色扮演与岗位体验于一身,可以使学员在参与、体验中完成从知识到技能的转化。

1)多方位拓展知识体系

沙盘模拟通过对企业经营管理的全方位展现,通过模拟体验,可以使学员在以下方面获益:

(1)战略管理

成功的企业一定有着明确的企业战略,包括产品战略、市场战略、竞争战略及资金运用战略等。从最初的战略制订到最后的战略目标达成分析,经过几年的模拟,经历迷茫、挫折、探索,学员将学会用战略的眼光看待企业的业务和经营,保证业务与战略的一致,在未来的工作中更多地获取战略性成功而非机会性成功。

(2)营销管理

市场营销就是企业用价值不断来满足客户需求的过程。企业所有的行为、所有资源,无非是要满足客户的需求。模拟企业几年中的市场竞争对抗,学员将学会如何分析市场、关注竞争对手、把握消费者需求、制订营销战略、定位目标市场,制订并有效实施销售计划,最终达成企业战略目标。

(3)生产管理

在模拟中,把企业的采购管理、生产管理、质量管理统一纳入生产管理领域,则新产品研发、物资采购、生产运作管理、品牌建设等一系列问题背后的决策问题就自然地呈现在学员面前。它跨越了专业分割、部门壁垒。学员将充分运用所学知识,积极思考,在成功与失败中获取新知。

(4)财务管理

在沙盘模拟过程中,团队成员将清晰掌握资产负债表、利润表的结构;掌握资本流转如何影响损益;解读企业经营的全局;预估长短期资金需求,以最佳方式筹资,控制融资成本,提高资金使用效率;理解现金流对企业经营的影响。

(5)人力资源管理

从岗位分工、职位定义、沟通协作、工作流程到绩效考评,沙盘模拟中每个团队经过初期组建,短暂磨合,逐渐形成团队默契,完全进入协作状态。在这个过程中,各自为政导致的效率低下、无效沟通引起的争论不休、职责不清导致的秩序混乱等情况,可以使学员深刻地理解局部最优不等于总体最优的道理,学会换位思考。明确只有在组织的全体成员有着共同愿景、朝着共同的绩效目标、遵守相应的工作规范、彼此信任和支持的氛围下,企业才能取得成功。

（6）基于信息管理的思维方式

沙盘模拟使学员真切地体会到构建企业信息系统的紧迫性。企业信息系统如同飞行器上的仪表盘,能够时刻跟踪企业运行状况,对企业业务运行过程进行控制和监督,及时为企业管理者提供丰富的可用信息。通过沙盘信息化体验,学员可以感受到企业信息化的实施过程及关键点,从而合理规划企业信息管理系统,为企业信息化做好观念和能力上的铺垫。

2）全面提高学员综合素质

沙盘模拟作为企业经营管理仿真教学系统还可以用于综合素质训练,使学员在以下方面获益:

（1）树立共赢理念

市场竞争是激烈的,也是不可避免的,但竞争并不意味着你死我活。寻求与合作伙伴之间的双赢、共赢才是企业发展的长久之道。这就要求企业知彼知己,在市场分析、竞争对手分析上做足文章,在竞争中寻求合作,企业才会有无限的发展机遇。

（2）全局观念与团队合作

通过沙盘模拟对抗课程的学习,学员可以深刻体会团队协作精神的重要性。在企业运营这样一艘大船上,CEO（首席执行官）是舵手、CFO（财务总监）保驾护航、CMO（市场总监）冲锋陷阵……在这里,每一个角色都要以企业总体最优为出发点,各司其职,相互协作,才能赢得竞争,实现目标。

（3）保持诚信

诚信是一个企业立足之本,发展之本。诚信原则在ERP沙盘模拟课程中体现为对"游戏规则"的遵守,如市场竞争规则、产能计算规则、生产设备购置以及转产等具体业务的处理。保持诚信是学员立足社会、发展自我的基本素质。

（4）个性与职业定位

每个个体因为拥有不同的个性而存在,这种个性在沙盘模拟对抗中会暴露无遗。在分组对抗中,有的小组轰轰烈烈,有的小组稳扎稳打,还有的小组则不知所措。虽然个性特点与胜任角色有一定关联度,但在现实生活中,很多人并不是因为"爱一行"才"干一行",更多的情况是需要大家"干一行"就"爱一行"。

（5）感悟人生

在市场的残酷与企业经营风险面前,是"轻言放弃"还是"坚持到底",这不仅是一个企业可能面临的问题,更是个人在人生中不断需要抉择的问题,经营自己的人生与经营一个企业具有一定的相通性。

3）实现从感性到理性的飞跃

在企业经营沙盘模拟教学过程中,学员借助沙盘推演企业经营管理思路与决策,在模拟经营现场实战数据分析的基础上,感悟企业经营管理战略思路、诊断调整企业发展决策、磨炼商业决策。在此过程中,学员经历了从理论到实践、通过实践到理论再认识的上升过程,把宝贵的实践经验凝结为全面的管理决策思维模型。

第3章

企业经营分析

3.1 企业经营的本质

企业经营的本质是利用企业的一切资源,向社会提供能够满足顾客或市场需求的产品或服务,从而获得利润。企业只有在经营中获利才能维持其生存和发展。所以企业是一个致力于追求更多利润的经济细胞,如图 3.1 所示。

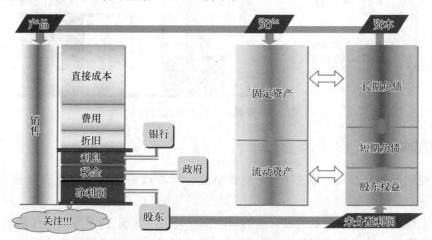

图 3.1　企业经营的本质是获得利润

一般而言,企业获得更多利润的方式有两种:增加销售或控制成本。

企业模拟经营沙盘中增加销售的方式主要有:扩大市场、增加产品种类和增加产能。

1）增加销售

企业模拟经营沙盘中主要有 5 个市场,每个市场对各种产品的需求量、价格、要求等在不同时期各不相同。因此,企业可以通过不断扩大市场需求来增加销售。开拓市场可以有助于增加销售机会。在每个市场中对企业或者产品会有不同的资质要求,而当资质要求较高时,价格也会相应提高。模拟沙盘中有 ISO 9000 和 ISO 14000 两种资质认证,通过资质认证可以获得更多的销售机会和更高的销售额。企业想在相应市场取得订单有一个必备条件就是需要投入广告费,投入的广告费越多获得订单的机会就越多。

在企业模拟经营沙盘中有 4 个产品(Product,P),其中 P1 是已经研发的产品,而 P2,P3,P4 是未开发的产品。因此,企业可以通过增加产品种类来增加销售。企业可以根据市场需求确定主营一种或多种产品。主营产品的选择可以根据各个市场需求的变化及竞争对手的情况做出选择。由于企业在每个市场上都会遇到非常多的竞争对手,但是每个竞争对手综合实力不同,企业需要运用不同的竞争策略,因此企业想要增加销售,必须研究竞争对手,制订适宜的竞争策略。

企业要扩大销售,除了需要扩大市场及增加产品种类以增加市场需求之外,还需要有与扩大了的市场需求相匹配的生产能力。因此,企业需要增加产能。企业模拟经营沙盘主要通过增加生产线,改进生产线品质来增加产能,并需要在生产时实时安排生产计划,以提高产能利用率,如图 3.2 所示。

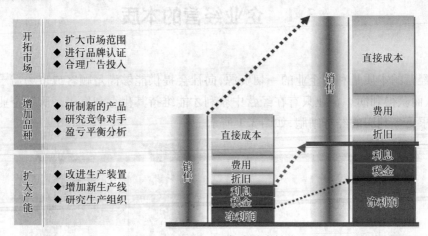

图 3.2　开源——努力扩大销售

2)控制成本

企业控制成本的方式有很多种,在企业模拟经营沙盘中主要有降低直接成本或间接成本。

降低直接成本主要指企业通过有效的采购管理与生产管理,降低原材料采购成本、加工费用和生产费用。沙盘模拟实验中有时候可以通过批量采购来降低采购费用,加工费用会根据生产线的不同而有所不同,因此企业可以通过购置高级生产线减少加工费用。

降低间接成本主要指尽量降低各种相关费用,比如通过有效的市场分析,降低广告费用;通过合理的生产安排在提高产能利用率的同时尽量降低租金及维护费用;通过有效的财务管理降低贴息利息等财务成本,如图 3.3 所示。

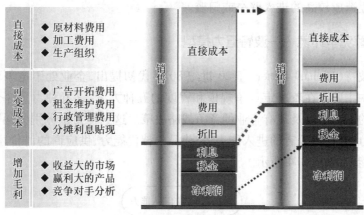

图 3.3 节流——努力降低成本

3.2 企业竞争战略

1）核心竞争力

企业是一个知识的集体，企业通过积累过程获得新知识，并使这些知识融入企业的正式和非正式的行为规范中，这些知识从而成为企业未来积累的主导力量，即核心竞争力。

在美国学者普拉哈拉德（C. K. Prahalad）和美国学者哈默尔（G. Hamel）看来，核心竞争力首先应该有助于公司进入不同的市场，它应成为公司扩大经营的能力基础。其次，核心竞争力对创造公司最终产品和服务的顾客价值贡献巨大，它的贡献在于实现顾客最为关注的、核心的、根本的利益，而不仅仅是一些普通的、短期的好处。最后，公司的核心竞争力应该是难以被竞争对手所复制和模仿的。

核心竞争力是一个企业能够长期获得竞争优势的能力，是企业所特有的、能够经得起时间考验的、具有延展性，并且是竞争对手难以模仿的技术或能力。

核心竞争力是企业竞争力中那些最基本的能使整个企业保持长期稳定的竞争优势、获得稳定超额利润的竞争力，是将技能资产和运作机制有机融合的企业自身组织能力，是企业推行内部管理性战略和外部交易性战略的结果。现代企业的核心竞争力是一个以知识、创新为基本内核的企业某种关键资源或关键能力的组合，是能够使企业、行业和国家在一定时期内保持现实或潜在竞争优势的动态平衡系统。

核心竞争力决定其产业发展的深度。关注核心竞争力比局限于具体产品和业务单元的职能发展战略，能更准确地反映企业长远发展的客观需要，使企业免于为求短期利益而陷入战略性误区。核心竞争力可以增强企业在相关产品市场上的竞争地位，其意义远远超过单一产品市场上的胜败，对企业的长远持久发展具有更为深远的战略意义。核心竞争力的培育是建立在企业内部长期知识、经验积累的基础上形成的独特专长，因此，它不像某项具体技术或产品那样很容易被对手模仿、仿冒。对企业来说，核心竞争力具有较强的持久性，而且会对其他企业造成较高的进入壁垒或门槛。

2)如何了解竞争环境——波特五力模型

迈克尔·波特(Michael Porter)于 20 世纪 80 年代初提出,企业处于竞争环境中。而在这个竞争环境中主要存在着决定竞争规模和程度的五种力量,这五种力量综合起来影响着企业所在行业的吸引力以及现有企业的竞争战略决策。这五种力量分别为同行业内现有竞争者的竞争能力、潜在竞争者的进入能力、替代品的替代能力、供应商的讨价还价能力、购买者的讨价还价能力,如图3.4 所示。

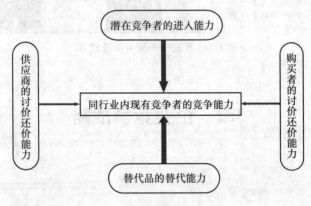

图 3.4　波特五力模型

(1)现有竞争者的竞争能力

行业中现有企业之间的竞争是最直接、最直观也是对企业最重要的威胁因素。

企业间的竞争一般采取两种方式:价格竞争和非价格竞争。

价格竞争通过降低价格,减小毛利率而侵蚀利润,导致大多数企业赢利能力降低,甚至亏损,是最惨烈的竞争形式。

非价格竞争主要包括广告战、引进新产品以及增加对消费者的服务等,主要是因提高成本而减少利润。

(2)潜在竞争者的进入能力

一般来说,新进入者进入某一行业的诱因是该行业或该行业中某些企业正在赚取超额利润。新加入者会一直想要加入该行业,直到该行业的利润趋于正常水平。因此,新加入者会对行业内现有企业产生威胁。

但新加入者对现有企业的威胁取决于进入障碍和原有企业的反击程度。如果进入障碍高,原有企业激烈反击,潜在的加入者就难以进入该行业,加入者的威胁就小。

(3)替代品的替代能力

替代品通常是新技术与社会新需求的产物。

如果一种新产品在许多方面明显优于现有产品,现有产品就会被替代。替代品的价格如果比较低,它投入市场就会使本行业产品的价格上限只能处在较低的水平,这就限制了本行业的收益。

值得注意的是,几种替代品可以长期共存。例如,在城市交通中,公共汽车、地铁与出租车的长期共存等。但是,替代品之间的竞争规律是不变的,即价值高的产品获得竞争优势。

(4)供应商的讨价还价能力

供应商的讨价还价能力是指投入要素的供应者通过谈判从客户手中榨取利润的能力。供应商议价的能力越强,对生产企业的威胁就越大。

供应商议价力量的强弱取决于供应商所在行业的市场条件和所提供产品的重要性。供应商的威胁手段一是提高供应价格,二是降低供应产品或服务的质量,从而使下游行业的利润下降。

(5)购买者的讨价还价能力

生产商与顾客之间的关系同生产商与供应商之间的关系本质是相同的,只是关系刚好相反。

供应商希望提供的产品质次价高,而购买者则希望购买到的产品物美价廉,双方在交易中获得价值增值的多少主要取决于各自实力的大小。

3)如何知己知彼——SWOT 分析法

SWOT 分析法是用来确定企业自身的竞争优势、竞争劣势、机会和威胁,从而将公司的战略与公司内部资源、外部环境有机地结合起来的一种科学的分析方法。

所谓 SWOT 分析,即基于内外部竞争环境和竞争条件下的态势分析,就是将与研究对象密切相关的各种主要内部优势、劣势和外部的机会和威胁等,通过调查列举出来,并依照矩阵形式排列,然后用系统分析的思想,把各种因素相互匹配起来加以分析,从中得出一系列相应的结论,而结论通常带有一定的决策性。

运用这种方法,可以对研究对象所处的情景进行全面、系统、准确的研究,从而根据研究结果制订相应的发展战略、计划以及对策等。SWOT 分析法模型见表 3.1。

表 3.1 SWOT 分析法模型

S 优势	W 劣势
O 机会	T 威胁

(1)优势与劣势分析(SW)

由于企业是一个整体,且竞争优势来源的广泛性,因此,在做优劣势分析时必须从整个价值链的每个环节上,将企业与竞争对手做详细的对比。如产品是否需求量多,而竞争对手少;生产能力是否充足;价格是否具有竞争性等。如果一个企业在某一方面或几个方面的优势正是该行业企业应具备的关键成功要素,那么,该企业的综合竞争优势也许就强一些。需要指出的是,衡量一个企业及其产品是否具有竞争优势,只能站在现有潜在用户角度,而不是站在企业的角度。

(2)机会与威胁分析(OT)

比如在企业模拟经营中只有一家企业主营业务是 P3,而 P3 的未来需求量很大,那么 P3

这种产品的未来市场对你经营的企业就是一个机会。但是你的几个竞争对手也开始转而生产 P3，那么这便是一个威胁。

（3）整体分析

从整体上看，SWOT 可以分为两部分：第一部分为 SW，主要用来分析内部条件；第二部分为 OT，主要用来分析外部条件。利用这种方法可以从中找出对自己有利的、值得发扬的因素，以及对自己不利的、要避开的东西，发现存在的问题，找出解决办法，并明确以后的发展方向。根据这个分析，可以将问题按轻重缓急分类，明确哪些是急需解决的问题，哪些不是急需解决的问题，哪些属于战略目标上的障碍，哪些属于战术上的问题，并将这些研究对象列举出来，依照矩阵形式排列，然后用系统分析的方法，把各种因素相互匹配起来加以分析，从中得出一系列相应的结论，而结论通常带有一定的决策性，有利于领导者和管理者做出较正确的决策和规划。

（4）SWOT 分析决策类型

在完成环境因素分析和 SWOT 矩阵的构造后，便可以制订出相应的行动计划。制订计划的基本思路是：发挥优势因素，克服弱势因素，利用机会因素，化解威胁因素；考虑过去，立足当前，着眼未来。运用系统分析的综合分析方法，将各种环境因素相互匹配起来加以组合，得出一系列公司未来发展的可选择对策。这些对策包括：

①WT 对策，即考虑弱势因素和威胁因素，目的是努力使这些因素都趋于最小。

②WO 对策，着重考虑弱势因素和机会因素，目的是努力使弱势趋于最小，使机会趋于最大。

③ST 对策，即着重考虑优势因素和威胁因素，目的是努力使优势因素趋于最大，使威胁因素趋于最小。

④SO 对策，即着重考虑优势因素和机会因素，目的在于努力使这两种因素都趋于最大。

可见，WT 对策是一种最为悲观的对策，是处在最困难的情况下不得不采取的对策；WO 对策和 ST 对策是一种苦乐参半的对策，是处在一般情况下采取的对策；SO 对策是一种最理想的对策，是处在最为顺畅的情况下十分乐于采取的对策。

3.3　企业市场分析

市场是企业经营最大的变数，也是企业利润的最终源泉，其重要性不言而喻。市场总监是最有挑战性的岗位。

1）波士顿矩阵

波士顿矩阵是波士顿咨询公司（BCG）创始人、美国著名的管理学家布鲁斯·亨德森于 1970 年提出的一种规划企业产品组合的方法，因其评估的有效性，逐渐被引入情报分析领域，扩大了评估对象的范围。

波士顿矩阵认为，一般决定产品结构的基本因素有两个：即市场引力与企业实力。市场引力包括企业销售量(额)增长率、目标市场容量、竞争对手强弱及利润高低等。其中最主要的是反映市场引力的综合指标——销售增长率,这是决定企业产品结构是否合理的外在因素。

根据这两个基本因素的力量大小的组合不同,波士顿矩阵模型将一个公司的业务分成四种类型:问题、明星、现金牛和瘦狗,如图3.5所示。

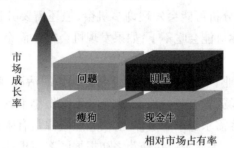

图3.5 波士顿矩阵

①问题业务是指高市场成长率、低相对市场份额的业务。

这往往是一个公司的新业务,为发展问题业务,公司必须建立工厂,增加设备和人员,以便跟上迅速发展的市场,并超过竞争对手,这些意味着大量的资金投入。"问题"非常贴切地描述了公司对待这类业务的态度,因为这时公司必须慎重回答"是否继续投资,发展该业务"这个问题。只有那些符合企业发展长远目标、企业具有资源优势、能够增强企业核心竞争能力的业务才能得到肯定的回答。企业模拟沙盘中每个新业务的开展都是问题业务,因此企业一直面临如何选择、如何经营的问题。

②明星业务是指高市场成长率、高相对市场份额的业务。这是由问题业务继续投资发展起来的,可以视为高速成长市场中的领导者,它将成为公司未来的现金牛业务。

但这并不意味着明星业务一定可以给企业带来滚滚财源,因为市场还在高速成长,企业必须继续投资,以保持与市场同步增长,并击退竞争对手。企业没有明星业务,就失去了希望,但群星闪烁也可能会闪花企业高层管理者的眼睛,导致做出错误的决策。这时必须具备识别行星和恒星的能力,将企业有限的资源投入到能够发展成为现金牛的恒星上。

③现金牛业务是指低市场成长率、高相对市场份额的业务,这是成熟市场中的领导者,它是企业现金的来源。

由于市场已经成熟,企业不必大量投资来扩展市场规模,同时作为市场中的领导者,该业务享有规模经济和高边际利润的优势,因而给企业带来大量财源。企业往往用现金牛业务来支付账款并支持其他三种需大量现金的业务。企业现金牛业务较少时,财务状况一般很脆弱。因为如果市场环境一旦变化导致这项业务的市场份额下降,企业就不得不从其他业务单位中抽回现金来维持现金牛的领导地位,否则这个强壮的现金牛可能就会变弱,甚至成为瘦狗。

④瘦狗业务是指低市场成长率、低相对市场份额的业务。一般情况下,这类业务常常是微利甚至是亏损的。

瘦狗业务存在的原因更多是感情上的因素,虽然一直微利经营,但像人对养了多年的狗一样恋恋不舍而不忍放弃。其实,瘦狗业务通常要占用很多资源,如资金、管理部门的时间等,多数时候是得不偿失的。比如企业模拟经营中的 P1 产品,前期是现金牛业务之一,但是随着市场的发展,各个市场对 P1 的需求量和平均价格都快速下降,此时 P1 就成为一个瘦狗业务。

2)市场细分与定位

企业通过市场调查与分析可能会发现许多机会,但还需要分析自己有没有实力。如果发现机会大而实力不够,你可能会吃不下;如果发现机会很小而企业实力很大,你会吃不饱,可能会饿死。

为什么世界上大型企业、中型企业、小型企业各有各的活法,就是它要把握这个机会和实力的平衡。各有各的战场,各有各的地盘,大企业不能做小市场,小企业也不能做大市场。

随着社会的发展,顾客需求越来越多样化,而企业资源是有限的。企业不可能用有限的资源满足所有顾客的需求。因此企业在经营之初根据顾客需求的不同将市场划分为若干有相似顾客需求的小市场,每个小市场内消费者需求相近。这个过程就是市场细分。

市场细分的出现主要原因有三个。

(1)顾客需求的差异性

顾客需求的差异性是指不同顾客的需求是不一样的。在市场上,消费者总是希望根据自己的独特需求去购买产品,根据消费者需求的差异性可以把市场分为同质性需求和异质性需求两大类。

同质性需求是指由于消费者的需求的差异性很小,甚至可以忽略不计,因此没有必要进行市场细分。而异质性需求是指由于消费者所处的地理位置、社会环境、自身的心理和购买动机不同,造成他们对产品的价格、质量、款式上需求的差异性。这种需求的差异性就是市场细分的基础。

(2)顾客需求的相似性

在同一地理条件、社会环境和文化背景下的人们形成有相对类似的人生观、价值观的亚文化群,他们需求特点和消费习惯大致相同。正是因为消费需求在某些方面的相对同质,市场上绝对差异的消费者才能按一定标准聚合成不同的群体。所以消费者的需求的绝对差异造成了市场细分的必要性,消费需求的相对同质性则使市场细分有了实现的可能性。

(3)企业有限的资源

现代企业由于受到自身实力的限制,不可能向市场提供能够满足一切需求的产品和服务。为了有效地进行竞争,企业必须进行市场细分,选择最有利可图的目标细分市场,集中企业的资源,制订有效的竞争策略,以获得和增加竞争优势。

市场细分后企业需根据自身特点及市场特点选择目标市场。企业在进行目标市场选择时有五种可供参考的市场覆盖模式:

①市场集中化。密集单一市场,也称产品单一市场。最简单的模式,只选择一个细分市场,只生产一类产品,只供应某一单一的顾客群,进行集中营销。即企业的目标市场无论从产品还是市场角度,都集中在一个细分市场。例如某服装厂只生产儿童服装。

②选择性专业化。有选择地进入几个不同的细分市场。即选择若干客观上都有吸引力

并符合企业目标和资源的细分市场,为不同的顾客群提供不同类型的产品。其中每个细分市场与其他细分市场之间较少联系。其优点是可以有效地分散经营风险,即使某个细分市场赢利情况不佳,仍可在其他细分市场赢利。

③产品专业化。同时向几个细分市场销售一种产品。即企业生产一种产品,向各类消费者同时销售这种产品,但产品在档次、质量、功能以及促销上有所不同。如饮水器厂只生产一个品种,同时向家庭、机关、学校、银行、餐厅、招待所等各类用户销售。优点是企业专注于某一种或某一类产品的生产,有利于形成和发展生产和技术上的优势,在该领域树立形象。其局限性是当该领域被一种全新的技术和产品所代替时,产品销售量有大幅度下降的危险。

④市场专业化。集中满足某一特定顾客群的各种需求。即企业向同一消费群提供性能有所区别的同类产品,企业专门为这个顾客群体服务而获得良好声誉。如某工程机械公司向建筑业用户供应推土机、打桩机、起重机、水泥搅拌机等建筑工程中所需要的机械设备。如专门为老年人设计一系列适合其年龄、心理特征的康复保健和休闲度假产品。如出境游:欧洲游、美国游、澳大利亚游等。市场专业化经营的产品类型众多,能有效地分散经营风险。但由于集中于某一类顾客,当这类顾客的需求下降时,企业也会遇到收益下降的风险。

⑤市场全面化。意图为所有顾客群提供他们所需要的所有产品。即企业决定全方位进入各个细分市场,为所有顾客提供他们所需要的性能不同的系列产品。一般为大型企业。如美国IBM公司在全球计算机市场、丰田汽车公司在全球汽车市场等都采取市场全面化战略。

目标市场选择之后需要进行市场定位,市场定位是由美国营销学家艾·里斯和杰克·特劳特在1972年提出的,其含义是指企业根据竞争者现有产品在市场上所处的位置,针对顾客对该类产品某些特征或属性的重视程度,为本企业产品塑造与众不同的、给人印象鲜明的形象,并将这种形象生动地传递给顾客,从而使该产品在市场上确定适当的位置。

市场定位并不是你对一件产品本身做些什么,而是你在潜在消费者的心目中做些什么。市场定位的实质是使本企业与其他企业严格区分开来,使顾客明显感觉和认识到这种差别,从而在顾客心目中占有特殊的位置。

市场定位的目的是使企业的产品和形象在目标顾客的心理上占据一个独特、有价值的位置。

3)市场预测

市场预测是在市场调查的基础上,组织或个人根据历史统计资料和市场调查得到的信息,运用科学的预测技术,对未来一定时期内市场的发展变化进行推断和预见,从而得出符合逻辑的结论的活动过程。

（1）市场预测的功能

市场预测一般来说具有以下三种功能:

①诊断功能。诊断就是解释信息的活动。

②信息功能。市场预测的目的在于准确、及时、全面地搜集信息,为宏观调控和企业决策提供依据。

③预测功能。通过市场预测,企业可以了解产品市场和生产要素市场的需求变化情况,为企业制订下一期营销计划提供数据依据和参考。

（2）市场预测的应用

市场预测方面的应用泛指运用市场调查与预测技术、方法和有关知识在具体的实践领域中的探索,其中主要包括消费与消费者调查、工业市场调查、广告调查、零售调查与预测以及产品调查与预测等。

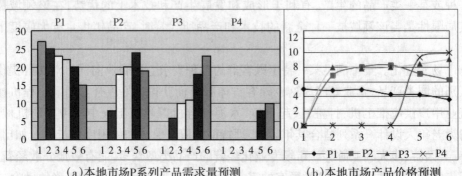

（a）本地市场P系列产品需求量预测　　（b）本地市场产品价格预测

图3.6　本地市场预测图

图3.6是沙盘模拟中的市场预测结果,可作如下解读:左图纵坐标表示数量,横坐标表示年份;右图纵坐标表示价格,横坐标表示年份。本地市场将会持续发展,客户对低端产品的需求可能要下滑。伴随着需求的减少,低端产品的价格很有可能会逐步走低。后几年,随着高端产品的成熟,市场对 P3,P4 产品的需求将会逐渐增大。同时随着时间的推移,客户的质量意识将不断提高,后几年可能会对厂商是否通过了 ISO 9000 认证和 ISO 14000 认证有更多的要求。

4）销售分析

企业模拟试验中,销售分析主要分析以下内容:

（1）市场占有率分析

市场占有率分析包括某年度市场占有率、各市场累计占有率分析。

（2）广告投入产出比分析

广告投入产出比分析是评价广告投入收益率的指标。

其计算公式为:

$$广告投入产出比 = \frac{订单销售总额}{广告投入}$$

广告投入产出比分析用来比较各企业在广告投入上的差异。这个指标告诉经营者:本公司与竞争对手之间在广告投入策略上的差距,以警示市场总监深入分析市场和竞争对手,寻求节约成本、策略取胜的突破口。根据市场和时间的不同,系统提供了两项统计指标,一是某一年的广告投入产出比,二是某市场的广告投入产出比。

3.4　企业资金管理

资金运营又称资金活动,是指企业筹资、投资和资金营运等活动的总称。

资金运营中首先要保证企业正常运作,不发生断流,否则将破产出局;其次,合理安排资金,降低资金成本,使股东权益最大化。

1) 成本分析

成本分析(Cost Analysis),是利用成本核算及其他有关资料,分析成本水平与构成的变动情况,研究影响成本升降的各种因素及其变动原因,寻找降低成本的途径的分析方法。成本分析是成本管理的重要组成部分,其作用是正确评价企业成本计划的执行结果,揭示成本升降变动的原因,为编制成本计划和制订经营决策提供重要依据。

成本分析从以下两个方面着手,通过计算各项费用占销售的比例揭示成本与收入的关系;通过成本变化趋势发现企业经营过程中的问题。

①企业成本由多项费用要素构成,了解各费用要素在总体成本中所占的比例,分析成本结构,从比例较高的那些费用支出项入手,分析发生的原因,提出控制费用的有效方法。

费用比例的计算公式为:

$$费用比例 = \frac{费用}{销售收入}$$

如果将各费用比例相加,再与 1 相比,则可以看出总费用占销售收入的比例。如果超过1,则说明支出大于收入,企业亏损,并可以直观地看出亏损的程度。

②成本比例变化分析。企业经营是持续性的活动,由于资源的消耗和补充是缓慢进行的,因此单从某一时间点上很难评价一个企业经营的好坏。比如,广告费用占销售收入的比例,单以一个时点来评价,无法评价好坏。但在一个时点上,可以将这个指标同其他同类企业横向来比,评价该企业在同类企业中的优劣。在企业经营过程中,很可能由于在某一时点出现了问题,而直接或间接地影响了企业未来的经营活动,因此不能轻视经营活动中的每一个时点的指标状况。

2) 盈亏平衡分析

盈亏平衡也是一种损益平衡,相应的损益点便是盈亏平衡点。在一般情况下,影响建设项目投产后利润大小的主要因素有三个:单位产品销售价格、成本、产品数量。当销售收入等于总成本支出时,企业不盈不亏;当销售收入大于总成本支出时,企业为盈利;当销售收入小于总成本支出时,企业为亏损。

总成本支出可分为两部分:一部分为固定成本,其总额不随产量的增减而变化,单位产品所分摊到的固定成本随产量的增加而减少;另一部分为可变成本,其总额随产量的增减而增减,就单位产品而言其成本是等量不变的。

销售收入的大小取决于产品的销售数量和单位产品价格。单位产品的价格随市场和政策而变化;产量由生产能力、生产计划或市场需求决定。

盈亏平衡分析,首先要确定盈亏平衡点,如图 3.7 所示。

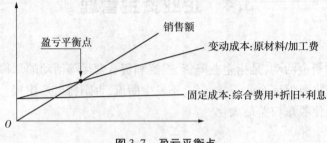

图 3.7 盈亏平衡点

盈亏平衡分析可以对项目的风险情况及项目对各个因素不确定性的承受能力进行科学的判断,为投资决策提供依据。传统盈亏平衡分析以盈利为零作为盈亏平衡点,没有考虑资金的时间价值,是一种静态分析。盈利为零的盈亏平衡实际上意味着项目已经损失了基准收益水平的收益,项目存在着潜在的亏损。把资金的时间价值纳入盈亏平衡分析中,将项目盈亏平衡状态定义为净现值等于零的状态,便能将资金的时间价值考虑在盈亏平衡分析内,变静态盈亏平衡分析为动态盈亏平衡分析。由于净现值的经济实质是项目在整个经济计算期内可以获得的、超过基准收益水平的、以现值表示的超额净收益,因此,净现值等于零意味着项目刚好获得了基准收益水平的收益,实现了资金的基本水平的保值和真正意义的"盈亏平衡"。动态盈亏平衡分析不仅考虑了资金的时间价值,而且可以根据企业所要求的不同的基准收益率确定不同的盈亏平衡点,使企业的投资决策和经营决策更全面、更准确,从而提高项目投资决策的科学性和可靠性。

3)企业资金财务分析

(1)企业偿债能力分析
①企业偿债能力分析——流动比率。

意义:体现企业偿还短期债务的能力。流动资产越多,短期债务越少,则流动比率越大,企业的短期偿债能力越强,债权人的权益越有保障。

$$流动比率 = \frac{流动资产}{流动负债} \times 100\%$$

分析提示:流动比率如果低于正常值,企业的短期偿债风险较大。一般情况下,营业周期、流动资产中的应收账款数额和存货的周转速度是影响流动比率的主要因素。

②企业偿债能力分析——速动比率。

意义:速动比率比流动比率更能体现企业偿还短期债务的能力。因为流动资产中,尚包括变现速度较慢且可能已贬值的存货,因此将流动资产扣除存货再与流动负债对比,以衡量企业的短期偿债能力。

$$速动比率 = \frac{速动资产}{流动负债} \times 100\%$$

$$速动资产 = 流动资产 - 存货$$

分析提示:低于 1 的速动比率通常被认为是短期偿债能力偏低。影响速动比率的可信性的重要因素是应收账款的变现能力,账面上的应收账款不一定都能变现,也不一定非常可靠。

③企业偿债能力分析——资产负债率。

意义:资产负债率反映债权人提供的资本占全部资本的比例。该指标也被称为举债经营比率。

$$资产负债率=\frac{负债总额}{资产总额}\times100\%$$

分析提示:资产负债率越大,企业面临的财务风险越大,获取利润的能力也越强。如果企业资金不足,依靠欠债维持,导致资产负债率特别高,偿债风险就高。资产负债率在60%~70%比较合理、稳健;达到85%及以上时,应视为发出预警信号,企业应引起足够的重视。

④企业偿债能力分析——已获利息倍数(利息保障倍数)。

意义:企业经营业务收益与利息费用的比率,用以衡量企业偿付借款利息的能力,也称为利息保障倍数。只要已获利息倍数足够大,企业就有充足的能力偿付利息。

$$已获利息倍数(利息保障倍数)=\frac{息税前利润总额}{利息费用}$$

$$=\frac{税前利润+利息费用}{利息费用}$$

分析提示:企业要有足够大的息税前利润,才能保证负担得起资本化利息。该指标越高,说明企业的债务利息压力越小。

(2)企业经营能力分析

企业经营能力(Analysis of Enterprises' Operating Capacity),主要指企业营运资产的效率与效益。企业营运资产的效率主要指资产的周转率或周转速度。企业营运资产的效益通常是指企业的产出量与资产占用量之间的比率。

①企业经营能力分析——总资产周转率(次)。

意义:该项指标反映总资产的周转速度,周转越快,说明销售能力越强。企业可以采用薄利多销的方法,加速资产周转,带来利润绝对额的增加。

$$总资产周转率(次)=\frac{主营业务收入净额}{平均资产总额}$$

$$平均资产总额=\frac{期初资产总额+期末资产总额}{2}$$

分析提示:总资产周转指标用于衡量企业运用资产赚取利润的能力,经常和反映盈利能力的指标一起使用,全面评价企业的盈利能力。该指标越高,反映企业全部资产进行经营的效果越好,经营效率越高。

②企业经营能力分析——固定资产周转率(次)。

$$固定资产周转率(次)=\frac{主营业务收入净额}{平均固定资产净值}$$

$$平均固定资产净值=\frac{期初固定资产净值+期末固定资产净值}{2}$$

意义:该指标越高,反映企业固定资产利用越充分,企业的经营活动越有效。

③企业经营能力分析——应收账款周转率(次)。

意义:应收账款周转率越高,表明企业应收账款回收速度越快,企业的经营管理效率越高,资产流动性越强;反之,说明营运资金过多呆滞在应收账款上,影响正常资金周转及偿债能力。

$$应收账款周转率(次)=\frac{主营业务收入净额}{平均应收账款余额}$$

$$平均应收账款余额=\frac{期初应收账款余额+期末应收账款余额}{2}$$

分析提示:应收账款周转率,要与企业的经营方式结合考虑。以下几种情况使用该指标不能反映实际情况:第一,季节性经营的企业;第二,大量使用分期收款结算方式;第三,大量使用现金结算的销售;第四,年末大量销售或年末销售大幅度下降。

④企业经营能力分析——存货周转率(次)。

意义:存货的周转率是存货周转速度的主要指标。提高存货周转率,缩短营业周期,可以提高企业的变现能力。

$$存货周转率(次)=\frac{主营业务成本}{平均存货余额}$$

$$平均存货=\frac{期初存货余额+期末存货余额}{2}$$

分析提示:存货周转速度反映存货管理水平,存货周转率越高,存货的占用水平越低,流动性越强,存货转换为现金或应收账款的速度越快。它不仅影响企业的短期偿债能力,也是整个企业管理的重要内容。

(3)企业盈利能力分析

盈利能力就是企业赚取利润的能力。不论是投资人还是债务人,都非常关心这个项目。在分析盈利能力时,应当排除证券买卖等非正常项目、已经或将要停止的营业项目、重大事故或法律更改等特别项目、会计政策和财务制度变更带来的累积影响数等因素。

①企业盈利能力分析——销售毛利率。

意义:表示每一元销售收入扣除销售成本后,有多少钱可以用于各项期间费用和形成盈利。

$$销售毛利率=\frac{销售收入-销售成本}{销售收入}×100\%$$

该指标越高,说明在销售收入净额中销售成本所占比重越小,企业通过销售获取利润的能力越强。

分析提示:销售毛利率是企业销售净利率的基础,没有足够大的销售毛利率便不能形成盈利。企业可以按期分析销售毛利率,据以对企业销售收入、销售成本的发生及配比情况做出判断。

②企业盈利能力分析——净资产收益率 ROE。

意义:净资产收益率反映公司所有者权益的投资报酬率,也叫净值报酬率或权益报酬率,具有很强的综合性,是最重要的财务比率。

$$净资产收益率=\frac{净利润}{平均净资产}\times100\%$$

分析提示:净资产收益率具有很强的综合性。企业净资产收益率越高,企业自有资本获取收益的能力越强,运营效益越好,对企业投资人、债权人的保障程度就越好。

管理者有三个杠杆来调控 ROE:

A. 每一元的销售收入所能榨取的利润,即销售利润率;

B. 每一元所用资产所产生的销售收入,且资产周转率;

C. 为资产提供融资所用到的权益,即权益。

③企业盈利能力分析——成本费用净利率。

$$成本费用净利率=\frac{净利润}{成本费用总额}\times100\%$$
$$=\frac{净利润}{销售成本+营业费用+管理费用+财务费用}\times100\%$$

意义:成本费用净利率是企业净利润与成本费用总额的比率。它反映企业生产经验过程中发生的耗费与获得的收益之间的关系。

分析提示:这一比率越高,说明企业为获取收益而付出的代价越小,企业的获利能力越强。因此,通过这个比率不仅可以评价企业获利能力的高低,也可以评价企业对成本费用的控制能力和经营管理水平。

3.5 企业生产运营

企业生产运营,是以市场为导向,以生产为侧重,以产品为主要经营对象的企业经营方式。企业生产运营的着眼点是某个特定的市场供求关系。企业通过对市场需求及发展趋势的研究与预测,研制、开发、生产、销售其产品和服务。

1)MRP

MRP 是指根据产品结构各层次物品的从属和数量关系,以每个物品为计划对象,以完工时期为时间基准倒排计划,按提前期长短区别各个物品下达计划时间的先后顺序,是一种工业制造企业内物资计划的管理模式。MRP 是根据市场需求预测和顾客订单制订产品的生产计划,然后基于产品进度计划、产品的材料结构表和库存状况,通过计算机计算所需物料的需求量和需求时间,从而确定材料的加工进度和订货日程的一种实用技术。

(1)特点

①需求的相关性。在流通企业中,各种需求往往是独立的,而在生产系统中,需求具有相关性。例如,根据订单确定了所需产品的数量之后,由新产品结构文件 BOM 即可推算出各种零部件和原材料的数量,这种根据逻辑关系推算出来的物料数量称为相关需求。不但品种数量有相关性,需求时间与生产工艺过程的决定也是相关的。

②需求的确定性。MRP 的需求都是根据主产进度计划、产品结构文件和库存文件精确计算出来的,品种、数量和需求时间都有严格要求,不可改变。

③计划的复杂性。MRP 要根据主产品的生产计划、产品结构文件、库存文件、生产时间和采购时间,把主产品的所有零部件需要数量、时间、先后关系等准确计算出来。当产品结构复杂,零部件数量特别多时,其计算工作量非常庞大,人力根本不能胜任,必须依靠计算机实施这项工程。

（2）基本数据

每个制造企业都有这样的一个基本方程:

$$A \times B - C = D$$

A = 主生产计划 = 要生产什么?

B = 物料清单 = 用什么生产?

C = 库存记录 = 有什么?

D = 物料需求计划 = 还应得到什么?

因此,制订物料需求计划前就必须具备以下的基本数据:

第一项数据是主生产计划,它指明在某一计划时间段内应生产出的各种产品和备件,它是物料需求计划制订的一个最重要的数据来源。

第二项数据是物料清单,它指明了物料之间的结构关系,以及每种物料需求的数量,它是物料需求计划系统中最为基础的数据。

第三项数据是库存记录,它把每个物料品目的现有库存量和计划接收量的实际状态反映出来。

第四项数据是提前期,决定着每种物料何时开工、何时完工。

应该说,这四项数据都是至关重要、缺一不可的。缺少其中任何一项或任何一项中的数据不完整,物料需求计划的制订都将是不准确的。因此,在制订物料需求计划之前,这四项数据都必须先完整地建立好,而且保证是绝对可靠的、可执行的数据。

2）产能的计算

产能的计算是很多学员在经营模拟企业时一个头痛的问题。由于算不清楚产能的多少而出现了选单和竞单失误的问题。模拟企业中一般有生产周期为 1Q,2Q,3Q 的三种生产线,按照年初在制品状态不同,每条生产线产能各不相同。

3）生产计划与原材料采购计划

（1）物料清单

物料清单是描述企业产品组成的技术文件。在制造行业,它包括产品的总装件、分装件、组件、部件、零件直到原材料之间的结构关系以及所需的数量。

物料清单和主生产计划一起使用,来安排仓库的发料、车间的生产和待采购件的种类和数量。可以用多种方法描述物料清单,如单层法、缩进法、模块法、暂停法、矩阵法以及成本法等。在某些工业领域,可能称为"配方""要素表"或其他名称。物料清单是一个制造企业的核心文件,各个部门的活动都要用到物料清单。

(2)根据市场需求,依据物料清单制订生产计划及物料采购计划

制造企业需要根据市场需求制订生产计划,以防止产量过剩。比如图 3.8 中所示的产品物料清单,经过市场预测,企业需要在第二季度、第四季度、第六季度(第二年第二季度)分别交货 10 批,那么企业在此期间的生产计划及原材料采购计划见表 3.2。

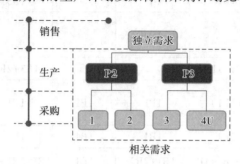

图 3.8 物料清单图

表 3.2 根据市场需求安排生产计划及原材料采购计划

时　间	第一季度	第二季度	第三季度	第四季度	第五季度	第六季度
计划产出		10		10		10
计划投入	10		10		10	
计划产出	10		10		10	
计划投入		10		10		10
毛需求		20		20		20
计划接收						
预计库存	30	10	10			
净需求						20
计划产出				10		
计划投入		10				

(3)根据生产线状况制订原材料采购计划

获取订单后,就可以编制生产计划和原材料采购计划,两者可以同时编制。以生产 P2 为例,其物料清单为 R2 和 R3,其中 R2 提前期为一季,R3 为两季。

由表 3.3 可知,手工线第三季度开始下一批生产,则第一季度订 1 个 R3;第六季度(即第二年第二季度)开始新一批的生产,需要在第五季度(第二年第一季度)订 1 个 R2,第四季订 1 个 R3。

以此类推,可以根据生产线类型及所生产产品类型计算出何时订购,订购多少。当然实际操作的时候还要考虑原材料库存、转产、停产、加工费、原材料到货付款等。原材料订购计划做好后,原材料付款计划就随即产生了,相关示例参考表 3.3。

表 3.3　生产计划与原材料采购计划

生产线	时 间	第一季度	第二季度	第三季度	第四季度	第五季度	第六季度
手工线	产品下线并开始新生产			1P3			1P3
	原材料订购	1R3	2R2		1R3	2R2	
半自动线	产品下线并开始新生产		1P2				1P4
	原材料订购	1R1+1R2			1R3+2R4	1R2	
自动线	产品下线并开始新生产	（1P1）	1P1	1P1	1P1	1P1	1P1
	原材料订购	1R1	1R1	1R1	1R1	1R1	
原材料订单合计		2R1+1R2+1R3	1R1+2R2	1R1	1R1+2R3+2R4	1R1+3R2	

第 2 篇 |实战篇|

第 4 章

企业经营沙盘模拟实训资源

4.1 沙盘教具

企业经营沙盘模拟教学以一套手工沙盘教具和一套电子沙盘教具为载体,手工沙盘教具主要包括沙盘盘面若干,代表相互竞争的模拟企业。沙盘盘面按照制造企业的职能部门划分职能中心,包括营销中心、生产中心、物流中心、财务中心。各个职能中心覆盖了企业运营的所有关键环节:战略规划、市场营销、生产组织、采购管理、库存管理、财务管理。除沙盘盘面之外,手工沙盘教具包括硬币类教具、空桶以及卡牌类道具。硬币类教具有不同的颜色类别。其中,彩币类教具代表生产虚拟产品的各种原材料,银灰色硬币道具代表货币资金。空桶一般是用来盛放硬币类教具的器材,除此之外,其还有两种经济含义:一是代表原材料订单,二是表示企业发生的贷款。卡牌类道具包括各类生产线、厂房、生产标识、市场开拓资格、生产资格、ISO 认证资格等。电子沙盘教具则是将手工沙盘的内容电子化,在计算机上实现完全模拟企业经营过程。

4.2 岗位角色职责

在企业经营沙盘模拟实训中,学生作为参与者需要以企业管理角色的身份进入模拟企业,并在相关的职位上完成自身工作与职责。

1)总经理

(1)职位介绍

负责制订和实施公司总体战略与年度经营计划;主持公司的日常经营管理工作,实现公司经营管理目标和发展目标。现代企业的治理结构分为股东会、董事会和经理班子三个层次。

（2）岗位职责

总经理的岗位职责见表4.1。

表4.1　总经理的岗位职责

岗位名称	岗位职责	沙盘经营具体工作事项
总经理	制订发展战略 分析竞争格局 确定经营指标 制订业务策略 管理全面预算 协同管理团队 分析企业绩效 管理业绩考评 管理授权与总结	制订企业发展战略规划 带领团队共同决定企业决策 审核财务状况 听取企业盈利（亏损）状况

注意：在企业经营沙盘模拟实训中，省略了股东会和董事会，企业所有的重要决策均由总经理带领团队成员共同决定，如果大家意见相左，由总经理拍板决定；做出有利于企业发展的战略决策是总经理的最大职责，同时总经理还要负责控制企业按流程运行，在实训中还要特别关注每个人是否能胜任其岗位。

2）市场总监

（1）职位介绍

在实际企业中，运营与销售统一归为市场总监负责，是个重要的角色。主要负责组织协调企业的日常运营活动及开拓市场、实现销售。

（2）岗位职责

在本实训中，市场总监身兼运营总监与市场总监职责，既要协助总经理控制企业按流程运行，负责填写运营记录表，起到盘面运行监督的作用；还要结合市场预测及客户需求制订销售计划，有选择地进行广告投放，取得与企业生产能力相匹配的客户订单，与生产部门做好沟通，保证按时交货给客户，监督货款的回收，进行客户关系管理。

市场总监与销售总监还要监控竞争对手的情况，比如对手正在开拓哪些市场，未涉足哪些市场，他们在销售上取得了多大的成功，他们拥有哪类生产线，生产能力如何等，充分了解市场，明确竞争对手的动向可以有利于今后的竞争与合作，具体见表4.2。

表4.2　市场总监的岗位职责

岗位名称	岗位职责	沙盘经营具体工作事项
市场总监	市场调查分析 市场进入策略 品种发展策略	开拓市场 稳定企业现有市场 积极拓展新市场

续表

岗位名称	岗位职责	沙盘经营具体工作事项
	广告宣传策略 制订销售计划 争取订单与谈判 签订合同与过程控制 按时发货应收款管理 销售绩效分析	预测市场制订销售计划 合理投放广告 根据企业生产能力取得匹配的客户订单 沟通生产部门按时交货 监督货款的回收

（3）沙盘模拟中的任务及规则

①制订广告方案。

A. 规则。市场总监根据市场预测情况进行各个产品和地区的广告投放，每个市场的订单是有限的，并不是投放广告就能得到订单。

B. 沙盘模拟中的手工沙盘操作。在广告投放完毕后，市场总监向财务总监申请所投放的广告费总额投放到营销区域中。

②参加订单竞单。

A. 规则。根据各个地区的广告投入的高低情况进行选单，谁投入的广告费高谁就有优先选单权。本课程的订单是以订单卡片的形式表现的。订单卡片由市场、产品名称、产品数量、单价、订单价值总额、账期、特殊要求等要素构成。

标注有"加急"字样的订单卡片要求在每年的第一季度交货，延期交货将扣除该张订单总额的25%（四舍五入后取整）作为违约金；普通订单卡片可以在当年内任一季度交货，产能不够或其他因素，导致本年不能交货，交货时扣除该张订单总额的25%（四舍五入后取整）作为违约金。

订单卡片上的账期代表客户收货时货款的交付方式，若为0账期，则现金付款；若为4账期，代表客户4个季度后才能付款。

如果订单卡片上标注了"ISO 9000"或"ISO 14000"，那么要求生产单位必须取得相应认证，并投放了认证的广告费，两个条件均具备才能得到这张订单。

B. 沙盘模拟中的手工沙盘操作。市场总监将获得的订单按照货品放到手工沙盘订单的规定区域中。

③交货给客户。

A. 规则。市场总监检查各成品库中的成品数量是否满足客户订单要求，满足则按照客户订单交付约定数量的产品给客户。如果是加急订单必须在第一季度交货，否则将支付违约金25%，四舍五入后取整；如果在本年获得的订单不能在本年末交货，也要支付违约金25%，四舍五入后取整。

B. 沙盘模拟中的手工沙盘操作。若为订单（0账期）付款，市场总监直接将现金置于现金库，财务总监做好现金收支记录；若为应收账款，市场总监将现金置于应收账款相应账期处。

④市场开拓/ISO 资格认证。

A. 规则。市场开拓规则见表 4.3。ISO 资格认证规则见表 4.4。

表 4.3 市场开拓规则

市 场	本地市场	区域市场	国内市场	亚洲市场	国际市场
开拓时间	开放	1 年	1 年	2 年	3 年
开拓投入	无	1M(Million,百万)/年	2M/年	1M/年	1M/年

- 市场开拓在每年的年末进行,每年只能进行一次,不能加速开拓。
- 市场开拓不要求每年连续投入,在资金短缺的情况下可以停止对该市场的投资,但已经付出的投入不能收回;如果在停止开拓一段时间后想继续开拓该市场,可以在以前投入的基础上继续投入。
- 所有市场可以一次性全部开拓,也可以选择部分市场进行开拓。
- 只有在该市场完全开拓完成后,才能在下一年度里参与该市场的竞单。

表 4.4 ISO 资格认证规则

ISO 9000	质量	ISO 14000	环境
时间	2 年	时间	3 年
投资	2M	投资	3M

B. 沙盘模拟中的手工沙盘操作。

新市场开拓:市场总监向财务总监申请开拓市场的现金放置在要开拓的市场区域,由财务助理配合做好现金支出记录。

ISO 认证投资:市场总监向财务总监申请认证的现金放置在要认证的区域,由财务助理配合做好现金支出记录。

3)财务总监

在企业中,财务与会计的职能常常是分离的,他们有着不同的目标和工作内容。

(1)职位介绍

会计主要负责日常现金收支管理,定期核查企业的经营状况,核算企业的经营成果,制订预算及分类和分析成本数据。

财务的职责主要负责资金的筹集、管理;做好现金预算,管好、用好资金。如果说资金是企业的血液,财务部门就是企业的心脏。

(2)岗位职责

财务总监岗位职责见表 4.5。

表 4.5 财务总监的岗位职责

岗位名称	岗位职责	沙盘经营具体工作事项
财务总监	日常财务记账和登账 向税务部门报税 提供财务报表	筹集和管理资金 做好现金预算,管好、用好资金 支付各项费用,核算成本

续表

岗位名称	岗位职责	沙盘经营具体工作事项
	日常现金管理 企业融资策略制订 成本费用控制 资金调度与风险管理 财务制度与风险管理 财务分析与协助决策	按时报送财务报表,做好财务分析

（3）沙盘模拟中的任务及规则

①支付税费。

A. 规则。企业所得税是对企业在一定时期内的纯所得（净收入）额征收的税种。企业所得税的税率为25%。在沙盘模拟中规定的规则为税前利润四舍五入取整。

B. 沙盘模拟中的手工沙盘操作。请财务总监按照上一年度利润表的"所得税"一项的数值取出相应的现金放置于沙盘上的"税费"处并做好现金收支记录。

②短期贷款/支付利息。

A. 更新短期贷款。如果企业有短期贷款,请财务总监将空桶向现金区方向移动一格。移至现金库时,表示短期贷款到期。

B. 还本付息。短期贷款的还款规则是利随本清。短期贷款到期时,每桶需要支付20M×5% =1M的利息,因此,本金与利息共计21M。财务总监从现金库中取现金,其中20M还给银行,1M放置于沙盘上的"利息"处并做好现金收支记录。

C. 获得新贷款。短期贷款只有在这一时点上可以申请。可以申请的最高额度为:上一年所有者权益×3-已有长短期贷款。

③民间借贷。

企业可以随时申请民间借贷,民间借贷额度可以根据课堂情况设置上限。民间借贷的管理同短期贷款一样,只是利率不同。

无论是长期贷款、短期贷款还是民间借贷,均以20M为基本贷款单位。长期贷款最长期限为6年,短期贷款及民间借贷期限为一年,贷款到期后返还。

④更新应收账款/归还应付账款。

A. 规则。贴现是将应收账款变成现金的动作,应收账款贴现随时可以进行,财务总监按7的倍数取应收账款,其中1/7作为贴现费用置于沙盘上的"贴息"处,6/7放入现金区,并做好现金收支记录;应收账款贴现时不考虑账期因素。

B. 沙盘模拟中的手工沙盘操作。财务总监将应收账款向现金库方向推进一格,到达现金区时即成为现金,做好现金收支记录。

请财务总监将应付账款向现金区方向推进一格。到达现金库时,从现金库中取现金付清应付账款并做好现金收支记录。

⑤支付行政管理费。

管理费用是企业为了维持运营发放的管理人员工资、差旅费、招待费等。财务总监每个季度取出1M摆放在"管理费"处,并做好现金收支处理。

⑥长期贷款。

A.更新长期贷款。如果企业有长期贷款,请财务总监将空桶向现金库方向移动一格;当移至现金库时,表示长期贷款到期。

B.支付利息。长期贷款的还款规则是每年付息,到期还本,年利率为5%。财务总监从现金库中取出长期贷款利息置于"利息"处,并做好现金收支记录。长期贷款到期时,财务总监从现金库中取出现金归还本金及当年的利息,并做好现金收支记录。

C.申请长期贷款。长期贷款只有在年末可以申请。额度为:上一年所有者权益×3-已有长短期贷款。

融资情况见表4.6。

表4.6　融资情况

贷款类型	办理时间	最大额度	利息率	还本付息时间	贷款/利息
长贷2~5年	年初	权益3倍	10%	年底付息,到期还本	20M/2M
短贷1年	季初	年权益3倍	5%	到期还本付息	20M/1M
民间借贷	随时		20%	到期还本付息	20M/4M
资金贴现	随时	视为收款额	1:6	变现付息	1/6现值

无论长期贷款、短期贷款还是民间借贷,均以20M为基本贷款单位。长期贷款最长期限为5年,短期贷款及民间借贷期限为1年,贷款到期后付息。

⑦购买(或租赁)厂房。

A.规则。沙盘盘面上设置了大、小两种厂房,大厂房可容纳6条生产线,小厂房可容纳4条生产线,用于模拟企业生产制造环境,厂房交易和租赁的价格及规模说明参考表4.7。

表4.7　厂房交易和租赁的价格及规模

厂　房	买　价	租　金	售　价	容　量
大厂房	40M	5M/年	40M(4Q)	6条生产线
小厂房	30M	3M/年	30M(4Q)	4条生产线

B.沙盘模拟中的手工沙盘操作。大厂房为自主厂房,如果本年在小厂房中安装了生产线,此时要决定该厂房是购买还是租赁。如果购买,财务总监取出与厂房价值相等的现金置于沙盘上的厂房价值处;如果租赁,财务总监取出与厂房租金相等的现金置于沙盘上的"租金"处。无论购买还是租赁,财务总监应做好现金收支记录。

⑧折旧。

A.规则。厂房不提折旧,设备按平均年限法计提折旧,在建工程及当年新建设备不提折旧。折旧=(设备价值-设备残值)/4向下取整。详见第5章5.4关于生产线的折旧规则。

B.沙盘模拟中的手工沙盘操作。财务总监从设备价值中取折旧费放置于沙盘上的"折旧"处。

说明:

● 在本课程中默认厂房不提折旧。

● 厂房可以随时使用,年底再决定是否购买所用的厂房。如果决定购买,则支付相应的现金,将支付的现金放入厂房价值区;如果决定不购买,则必须支付租金,支付的租金不考虑厂房开始使用的时间,只要在年底时不购买厂房,则必须支付全年的租金。

● 厂房可随时按购买价值出售,得到的是与购买厂房价值相等的4Q应收账款,如要紧急使用现金,还需要进行贴现处理。

⑨关账。

一年经营下来,年终要做一次"盘点",编制"利润表"和"资产负债表"。在报表做好之后,指导教师将会取走沙盘上企业已支出的各项费用,为来年做好准备。

4) 生产总监

生产总监(COO)是企业生产部门的核心人物,对企业的一切生产活动进行管理,并对企业的一切生产活动及产品负最终的责任。

(1)职位介绍

生产总监既是生产计划的制订者和决策者,又是生产过程的监控者,对企业目标的实现负有重大的责任。他的工作是通过计划、组织、指挥和控制等手段实现企业资源的优化配置,创造最大经济效益。

(2)岗位职责

生产总监岗位职责见表4.8。

表4.8　生产总监的岗位职责

岗位名称	岗位职责	沙盘经营具体工作事项
生产总监	产品研发管理 管理体系认证 固定资产投资 编制生产计划 平衡生产能力 生产车间管理 产品质量保证 成品库存管理 产品外协管理	计划的制订者和决策者,生产过程的监控者 负责企业生产管理工作 协调完成生产计划,维持生产成本 落实生产计划和能源的调度 保持生产正常运行,及时交货 组织新产品研发,扩充改进生产设备 做好生产车间的现场管理

(3)沙盘模拟中的任务及规则

①产品研发投资。

A.规则。产品的研发至少4个周期,每个周期只能投入一定的费用,不能加速研发;只有在研发完成后才可以进行该种产品的加工生产,没有研发完成时不能开工生产(但可以提前备料);可以同时研发所有的产品,也可以选择部分产品进行研发;可以在任何时间里停止对产品技术的投资,但已经付出的钱不能收回;如果在停止研发一段时间后想继续研发,可以在以前研发的基础上增加投入,见表4.9。

表4.9　产品研发投资

项 目	产 品		
	P2	P3	P4
时 间	1年 (4Q)	1年 (4Q)	1年 (4Q)
投 资	4M	8M	12M

B.沙盘模拟中的手工沙盘操作。

按照年初制订的产品研发计划,生产部主管向财务总监申请研发资金,置于相应产品技术投资区。财务总监做好现金收支处理。

②更新生产完工入库。

A.规则。将每个再生产的生产线向成品库的方向靠近。

B.沙盘模拟中的手工沙盘操作。

a.更新生产。由生产总监将各生产线上的在制品向前推进一格。

b.完工入库。产品下线表示产品完工,将产品放置于相应的产成品库。

③购买/更新/转产生产线。

A.规则。

生产线情况见表4.10。

表4.10　生产线情况

项 目	生产线			
	手工线	半自动线	全自动线	柔性线
购买价	5M	8M	15M	20M
安装时间	无	2Q	3Q	4Q
生产周期	3Q	2Q	1Q	1Q
出售残值	1M	2M	3M	5M
转产周期	无	1Q	2Q	无
转产费用	无	1M	4M	无

B.沙盘模拟中的手工沙盘操作。

a.购买生产线。生产总监向供应商购买所需要的生产线,并不是将现金交给供应商,而是按照生产线的安装周期和投入安装费用放在生产线区域,如果建设安装完毕,生产线就可以使用了。

b.转产。将手工沙盘上的转产品牌换成新的品牌。

c.变卖。将不使用的产品线卖掉,把所需卖掉的生产线交给供应商,并取得相应残值收入,放在现金区;如果生产线净值还有余额,列入综合费用。

④开始新的生产。

A.规则。

产品研发完成后,可以接单生产。生产不同的产品需要的原材料不同,各种产品所用到的原材料及数量如图4.1所示。

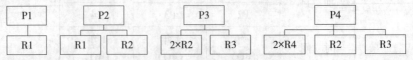

图4.1 各产品使用的原材料及数量

每条生产线同时只能有一个产品在线。产品上线时需要支付加工费,不同生产线的生产效率不同,但需要支付的加工费是相同的,见表4.11。

表4.11 各生产线的加工费

产 品	生产线		
	手工线	半自动线	全自动线/柔性线/租赁线
P1	1M	1M	1M
P2	1M	1M	1M
P3	1M	1M	1M
P4	1M	1M	1M

B. 沙盘模拟中的手工沙盘操作。

这个任务需要生产总监、仓库主管和财务总监共同完成。生产总监根据产品结构到仓库领用相应原材料,财务总监支付工人的加工费,将原材料、加工费放入小桶中,置于生产线上第一个生产周期处。

⑤支付设备维护费。

A. 规则。

每条自建生产线每年需付1M的维护费,租赁线需要每年支付5M的维护费。

B. 沙盘模拟中的手工沙盘操作。

生产总监从财务总监处取相应现金置于沙盘上的"维护费"处,并做好现金收支记录。

5)采购总监

采购是企业生产的首要环节。采购总监(CPO)负责各种原材料的及时采购和安全管理,确保企业生产的正常进行;负责编制并实施采购供应计划,分析各种物资供应渠道及市场供求变化情况,力求从价格上、质量上把好第一关,为企业生产做好后勤保障;进行供应商管理;进行原材料库存的数据统计与分析。

(1)职位介绍

在实训中,采购总监负责制订采购计划,与供应商签订供货合同,监督原材料采购过程并按计划向供应商付款,管理原材料库等具体工作,确保在合适的时间点,采购合适品种及数量的原材料。

(2)岗位职责

采购总监岗位职责见表4.12。

表 4.12 采购总监的岗位职责

岗位名称	岗位职责	沙盘经营具体工作事项
采购总监	编制采购计划 供应商谈判 签订采购合同 监控采购过程 到货验收 仓储管理 采购支付抉择 与财务部协调 与生产部协同	做好原材料计划表 与生产总监协同调整原材料采购计划 盘面上进行原材料相关操作

(3)沙盘模拟中的任务及规则

①接受并支付已订购的货物。

规则:货物到达企业时,必须照单全收,并按规定支付原材料费或计入应付账款。

②下原材料计划。

原材料采购涉及两个环节:签订采购合同和按合同收料。签订采购合同时要注意采购提前期。R1 和 R2 原材料需要一个季度的采购提前期,而 R3 和 R4 则需要两个季度的采购提前期。

相关职能中心的主要职能见表 4.13。

表 4.13 相关职能中心的主要职能

职能中心	企业运营的关键环节	主要职能	简要说明	备 注
营销与规划中心	战略规划、市场营销	市场开拓规划	确定企业需要开发哪些市场,可供选择的有区域市场、国内市场、亚洲市场和国际市场	市场开拓完成换取相应的市场准入证
		产品研发规划	确定企业需要研发哪些产品,可供选择的有 P2 产品、P3 产品和 P4 产品	产品研发完成换取相应的产品生产资格证
		ISO 认证规划	确定企业需要争取获得哪些国际认证,包括 ISO 9000 质量认证和 ISO 14000 环境认证	ISO 认证完成换取相应的 ISO 资格证
生产中心	生产组织	厂房两种	沙盘盘面上设计了大厂房和小厂房,大厂房内可以建 6 条生产线,小厂房内可以建 4 条生产线	已购置的厂房由厂房右上角摆放的价值表示
		生产线标识	共有手工生产线、半自动生产线、全自动生产线、柔性生产线,不同生产线生产效率及灵活性不同	表示企业已购置的设备,设备净值在生产线净值处显示
		产品标识	4 种:P1 产品、P2 产品、P3 产品、P4 产品	表示企业正在生产的产品

续表

职能中心	企业运营的关键环节	主要职能	简要说明	备 注
物流中心	采购管理、库存管理	采购提前期	R1 和 R2 原材料的采购提前期为一个季度;R3 和 R4 原材料的采购提前期为两个季度	
		原材料库4个	分别用于存放 R1,R2,R3,R4 原材料,每个价值1M	
		原材料订单	代表与供应商签订的订货合同,用放在原材料订单处的空桶数量表示	
		成品库4个	分别用来存放 P1 产品、P2 产品、P3 产品、P4 产品	
财务中心	会计核算、财务管理	现金库	用来存放现金,现金用灰币表示,每个价值1M	
		银行贷款	用放置在相应位置上的空桶表示,每桶表示20M	长期贷款按年;短期贷款按季度
		应收/应付账款	用放置在相应位置上的装有现金的桶表示	应收账款和应付账款都是分账期的
		综合费用	将发生的各项费用置于相应区域	

4.3　教学环节

1)组织准备工作

组织准备工作是沙盘模拟的首要环节。主要内容包括3项:首先是学员分组,每组一般为5~8人,这样全部学员就组成了8个相互竞争的模拟企业(为简化起见,可将8个模拟企业依次命名为 A 组、B 组、C 组、D 组、E 组、F 组、G 组、H 组),然后进行每个角色的职能定位,明确企业组织内每个角色的岗位责任,一般分为总经理、市场总监、运营总监、采购总监、财务总监等主要角色。当人数较多时,还可以适当增加财务助理等辅助角色。在几年的经营过程中,可以进行角色互换,从而体验角色转换后考虑问题的出发点的相应变化,也就是学会换位思考。特别需要提醒的是:诚信和亲力亲为。诚信是企业的生命,是企业的生存之本。在企业经营模拟过程中,不要怕犯错误,学习的目的就是发现问题,努力寻求解决问题的手段。在学习过程中,谁犯的错误越多,谁的收获也就越大。

2）基本情况描述

企业经营者接手一个企业时，需要对企业有一个基本的了解，包括股东期望、企业目前的财务状况、市场占有率、产品、生产设施、盈利能力等。基本情况描述以企业起始年的两张主要财务报表（资产负债表和利润表）为基本索引，逐项描述企业目前的财务状况和经营成果，并对其他相关方面进行补充说明。

3）市场规则与企业运营规则

企业在一个开放的市场环境中生存，企业之间的竞争需要遵循一定的规则。综合考虑市场竞争及企业运营所涉及的方方面面，简化为以下 7 个方面的约定：
①市场划分与市场准入。
②销售会议与订单争取。
③厂房购买、出售与租赁。
④生产线购买、转产与维修、出售。
⑤产品生产。
⑥产品研发与 ISO 认证。
⑦融资贷款与贴现。

4）初始状态

沙盘模拟不是从创建企业开始，而是接手一个已经运营了一段时间的企业。虽然已经从基本情况描述中获得了企业运营的基本信息，但还需要把这些枯燥的数字活生生地再现到沙盘盘面上，由此为下一步的企业运营做好铺垫。学员通过初始状态设定，可以深刻地认识财务数据与企业业务的直接相关性，理解财务数据是对企业运营情况的一种总结提炼，为今后"透过财务看经营"做好观念上的准备。

5）企业经营竞争模拟

企业经营竞争模拟是沙盘模拟的主体部分，按企业经营年度展开。经营伊始，企业相关人员通过商务周刊发布的市场预测资料，对每个市场每个产品的总体需求量、单价、发展趋势做出有效预测。每一个企业组织在市场预测的基础上讨论企业战略和业务策略，在总经理的领导下按一定程序开展经营，做出所有重要事项的经营决策，决策的结果会从企业经营结果中得到直接体现。

6）现场案例解析

现场案例解析是沙盘模拟课程的精华所在。每一年经营下来，企业管理者都要对企业的经营结果进行分析，深刻反思成在哪里？败在哪里？竞争对手情况如何？是否需要对企业战略进行调整？结合课堂整体情况，找出大家普遍困惑的情况，对现场出现的典型案例进行深层剖析，用数字说话，可以让学员感悟管理知识与管理实践之间的距离。

第5章

企业经营沙盘模拟实训运营详细规则

5.1 市场开拓投资

市场划分与市场准入规则见表5.1。

表5.1 市场划分与市场准入规则

市 场	开拓费用	持续时间
区域	1M/年	1 年
国内	2M/年	1 年
亚洲	1M/年	2 年
国际	1M/年	3 年

企业目前在本地市场经营,新市场可以是区域、国内、亚洲市场,也可以是国际市场,不同市场投入的费用及时间不同,只有市场投入完成后方可在该市场投入广告选单。

规则说明:每个市场开发每年最多投入1M(国内市场2M),允许中断或终止,不允许超前投资。投资时,将1M投入"市场准入"的位置处。换取准入证后,将其放在盘面的相应位置处。只有拿到准入证才能参加相应市场的订货会。

5.2 产品许可研发

要想生产某种产品,先要获得该产品的生产许可证。而要获得生产许可证,则必须经过产品研发。P1 产品已经有生产许可证,可以在本地市场进行销售。P2,P3,P4 产品都需要研发后才能获得产品许可证。研发需要分期投入研发费用。产品研发规则见表5.2。

表5.2　产品研发规则

项　目	P2	P3	P4
研发时间	4Q	4Q	4Q
研发投资	1M/Q	2M/Q	3M/Q

5.3　产品认证投资

产品认证投资见表5.3。

表5.3　产品认证投资

ISO 类型	每年投资金额	完成认证投资	最小投资周期	操作说明
ISO 9000	1M	2M	2 年	1. 每年按照投资额将投资放在 ISO 证书位置
ISO 14000	1M	3M	3 年	2. 当投资完成后,带所有投资到主裁判处换成 ISO 资格证

规则说明:

①每季度按照投资额将现金放在生产资格位置。

②当投资完成后,带所有投资的现金到主裁判处换取生产许可证。

③只有获得生产许可证后才能开工生产该产品。

④产品研发可以中断或终止,但不允许超前或集中投入。已投资的研发费不能回收。开发过程中,不能生产。

⑤ISO 认证:ISO 认证需分期投资开发,每年一次,每次 1M。可以中断投资,但不允许集中或超前投资。两项认证投资可同时进行或延期,相应投资完成后领取 ISO 资格,研发投资与认证投资计入当年综合费用。

5.4　生产线规则

生产线购置、安装、调整与维护整体规则见表5.4。

表5.4　生产线购置、安装、调整与维护整体规则

生产线	购买价格	安装周期	生产周期	转产周期	转产费用	维护费用	规定残值
租赁线	0M	0M	1Q	2Q	4M	5M/年	−10M
手工线	5M	无	3Q	—	—	1M/年	1M

续表

生产线	购买价格	安装周期	生产周期	转产周期	转产费用	维护费用	规定残值
半自动线	8M	2Q	2Q	1Q	1M	1M/年	2M
全自动线	15M	3Q	1Q	2Q	4M	1M/年	3M
柔性线	20M	4Q	1Q	—	—	1M/年	5M

1）购买生产线

购买生产线必须按照该生产线安装周期分期投资并安装，以柔性线安装操作为例，具体见表5.5。

表5.5　柔性线安装操作

操作	投资额	操作说明
1Q	5M	从交易处取回生产线卡牌，将之反扣并从现金库里取5M放到背面上
2Q	5M	从现金库里取5M放到生产线上
3Q	5M	从现金库里取5M放到生产线上
4Q	5M	从现金库里取5M放到生产线上，翻过生产线卡牌，全部投资额放到生产线净值处
5Q		从交易处领取产品标识，建设完成，可以投入生产

投资生产线的费用不一定需要连续支付，可以在投资过程中中断投资，也可以在中断投资后的任何季度继续投资，但必须按照表5.5的投资原则进行操作。

规则说明：

①全部投资到位的下一个季度领取产品标识，开始生产。

②生产线安装完成后，必须将投资额放在生产线净值处，以证明生产线安装完成。

③参赛队之间不允许相互购买生产线，只允许向设备供应商（交易处）购买。

④生产线一经开始投资，不允许搬迁移动（包括在同一厂房内的生产线）。

2）生产线维护

（1）必须交纳维护费的情况

①生产线安装完成的当年，不论是否开工生产，都必须交纳维护费。

②正在进行转产的生产线也必须交纳维护费。

（2）免交维护费的情况

凡已出售的生产线和新购正在安装的生产线不交纳维护费。

3）生产线折旧

每条生产线单独计提折旧，分4年折旧完，按照平均年限法，每年按表5.6计提折旧，折旧到残值为止。

表5.6　各种生产线每年折旧额的计算

生产线	第一年折旧	第二年折旧	第三年折旧	第四年折旧	第五年折旧	残　值
租赁线	0	0	0	0	0	-10M
手工线	0	1	1	1	1	1M
半自动线	0	2	2	1	1	2M
全自动线	0	3	3	3	3	3M
柔性线	0	4	4	4	3	5M

完成规定年份的折旧后,生产线可以继续使用,但不用提取折旧。生产线的剩余残值可以保留,直到该生产线变卖为止。当年新建成的生产线不提折旧。

4)生产线变卖

生产线变卖时,将变卖的生产线的残值放入现金区,如果还有剩余的价值(即没有提完折旧),将剩余价值放入"其他"费用,记入当年"综合费用",并将生产线交还给供应商即可完成变卖。

5.5　厂房投资

1)厂房变卖

厂房可以在运行的每个季度规定的时间内进行变卖。变卖时,需要财务总监携带运行记录本和厂房价值(大厂房:40M,小厂房:30M),到交易处进行交易。经核准运作时间后,由交易处收回厂房价值,发放4Q 的应收账款,见表5.7。

表5.7　厂房投资

厂　　房	买　价	租　金	售　价	容　量
大厂房	40M	5M/年	40M(4Q)	6 条生产线
小厂房	30M	3M/年	30M(4Q)	4 条生产线

2)购买厂房

购买厂房在每年年末(参见运作记录表)进行,购买时只需要将等值现金放到厂房价值位置即可,厂房不计提折旧。

3)租赁厂房

每年年末支付租金,年末时如果决定购买厂房可不支付当年的厂房租金,即到"支付租金/购买厂房"这一步操作时,在购买厂房与支付租金中,只选择一种操作即可。如果当年使用过厂房(其中有过生产),但到最后一个季度将生产线出售了,也就是说运行到"支付租金"项目时,厂房中已经没有生产线了,这种情况不需要缴纳租金。已购买的厂房不需要缴纳租金。大厂房租金5M,小厂房租金3M。

5.6 产品成本构成

产品原材料及成本构成规则见表5.8。

表5.8 产品原材料及成本构成规则

产品	所需原材料	所需原材料总价值	加工费 (所有类型生产线)	直接生产成本
P1	R1	1M	1M	2M
P2	R1+R2	2M	1M	3M
P3	2R2+R3	3M	1M	4M
P4	R2+R3+2R4	4M	1M	5M

注:①R1为红币,R2为橙币,R3为蓝币,R4为绿币,均为原材料(所有产品成本价格,每单位产品还包含1M人工费)。

②1M即100万元,灰币代表。

③R1和R2提前一期下订单,R3和R4提前二期订单,到期方可取料。可紧急采购原材料,采购价格为2M。

5.7 原材料采购

原材料价格全部为1M/个。采购原材料需经过下原材料订单和采购入库两个步骤,这两个步骤之间的时间差称为订单提前期。各种原材料提前期见表5.9。

表5.9 各原材料提前期

原材料	订货提前期
R1	1Q
R2	1Q

原材料	订货提前期
R3	2Q
R4	2Q

规则：

①没有下订单的原材料不能采购入库。

②所有下订单的原材料到期必须采购入库。

③原材料入库时必须持原材料订单(空桶)和采购现金到交易处购买已到期的原材料。

关于紧急采购原材料：紧急采购原材料时不用下订单，直接入库，费用为该原材料费用的两倍。注意：多余的成本(即原价为1M的原材料紧急采购价格为2M，多出的1M费用，记录在综合费用表中的其他项)。

5.8　资金筹集

在经营期间，贷款类型见表5.10。

表5.10　贷款类型

贷款类型	贷款时间	贷款额度	年利率	还款方式
长期贷款	每年年初	长+短＜上年所有者权益的3倍	10%	每年付息，到期还本
短期贷款	每季度初		5%	到期一次还本付息
民间借贷	每季度初	协商	20%	到期一次还本付息
资金贴现	任何时间	视应收款	1∶6	变现时贴息

规则说明：

1)贷款信用额度及时间

长、短期贷款的额度总额为上年所有者权益的3倍。贷款必须按20M的倍数申请。

长期贷款额度每年只能申请一次，即在每年初申请(详见运行任务清单)；短期贷款额度每年可以申请4次，分别在每季度初申请(详见运行任务清单)。

2)长短期贷款规则

①长期贷款每年必须归还利息，到期还本，本利双清后，如果还有贷款额度时，才允许重新申请贷款。即：如果有贷款需要归还，同时还拥有贷款额度时，必须先归还到期的全部长期贷款，才能申请新贷款，不能以新的长期贷款还旧的长期贷款(续贷)，短期贷款也按本规定执行。

②结束年时,不要求归还没有到期的长、短贷款。

③长期贷款时间为 2~5 年。

④除民间借贷,所有类型的贷款不允许提前还款。

3)民间借贷规则

民间借贷使用期限为一年(同短期贷款)。民间借贷 20M 为基本贷款单位,最多可以贷 80M。民间借贷可以随时申请,即在运行过程的任何时间,都可以申请民间借贷,但民间借贷计息时间为运行当季的短期贷款申请时间,并随短期贷款的更新时间更新。民间借贷必须按照短期贷款归还时间进行还本付息。结束年时,要求归还全部民间借贷。

4)贴现规则

若提前使用应收账款,必须按 6∶1 提取贴现费用,即从应收账款中取 7M 或 7 的整数倍的应收账款,6M 或 6 的整数倍放入现金,其余为贴现费用(只能按 7 的倍数贴现)。只要有足够的应收账款,可以随时贴现(包括次年支付广告费用时,使用应收款贴现)。

5.9 广告竞单

①订货会年初召开,一年只召开一次。例如,如果在该年年初的订货会上只拿到两张订单,那么在当年的经营过程中,再也没有获得其他订单的机会。

②广告费分市场、分产品投放,订单按市场、按产品发放。例如,企业拥有 P1,P2 的生产资格,在年初国内市场的订货会上只在 P1 上投入了广告费,那么在竞单时,不能在国内市场上获得 P2 的订单。又如,订单发放时,先发放本地市场的订单,按 P1,P2,P3,P4 产品次序发放;再发放区域市场的订单,按 P1,P2,P3,P4 产品次序发放。

③广告费每投入 1M,可获得一次拿单的机会,另外要获得下一张订单的机会,还需要再投入 2M,以此类推,每多投入 2M 就拥有多拿一张订单的机会。广告费用计算组合为 $(1+2n)$ M (其中 n 为整数)。例如,在本地市场上投入 7M 广告费,表示在本地市场上有 4 次拿单的机会,最多可以拿 4 张订单。但是,最终能拿到几张订单要取决于当年的市场需求和竞争状况。

④销售排名及市场老大规则。每年竞单完成后,根据某个市场的总订单销售额排出销售排名;排名第一的为市场老大,下年可以不参加该市场的选单排名而优先选单;其余的公司仍按选单排名方式确定选单顺序。

例如,P3 广告亚洲市场投放单见表 5.11。

表 5.11 P3 广告投放单示例

公 司	P3 广告费	广告费总和	上年排名
A	1M	1M	1
B	2M	4M	2

续表

公 司	P3 广告费	广告费总和	上年排名
C	2M	3M	4
D	5M	5M	3

亚洲市场 P3 选单的顺序为：

第一，由 A 公司选单。虽然 A 公司投入 P3 产品的广告费低于其余 3 家公司，但其上年在亚洲市场上的销售额排名第一，因此不以其投入广告费的多少来选单，而直接优先选单。

第二，由 D 公司选单。投入 P3 的广告费最高，为 5M。

第三，由 B 公司选单。虽然 B 公司在 P3 的产品广告费上与 C 公司相同，但投入在亚洲市场上的总广告费为 4M，而 C 公司的总广告费用为 3M，因此，B 公司先于 C 公司选单。

第四，由 C 公司选单。由于 C 公司投入的 P3 产品的广告费用与 B 公司相同，但在亚洲市场上的总广告费投入低于 B 公司，因此后于 B 公司选单。

⑤选单排名顺序和流程。第一次以投入某个产品广告费用的多少产生该产品的选单顺序；如果该产品投入一样，按本次市场的广告总投入量（包括 ISO 的投入）进行排名；如果市场广告总投入量一样，按上年的该市场排名顺序排名；如果上年排名相同，采用竞标式选单，即把某一订单的销售价、账期去掉，按竞标公司所出的销售价和账期确定谁获得该订单（按出价低、账期长的顺序发单）。按选单顺序先选第一轮，每公司一轮，只能有一次机会，选择 1 张订单。第二轮按顺序再选，选单机会用完的公司则退出选单。P1 广告国际市场见表 5.12，P2 广告国际市场见表 5.13。

表 5.12　P1 国际市场广告投放单

公 司	P1 广告费	广告费总和	上年排名
A	3M	3M	2
B	1M	2M	3
C	1M	2M	5
D			4
E			1

表 5.13　P2 国际市场广告投放单

公 司	P2 广告费	广告费总和	上年排名
A		3M	2
B	1M	2M	3
C	1M	2M	5
D	1M	1M	4
E			1

国际市场 P1 选单的顺序为：

第一，由 A 公司选单。在国际市场上，市场老大 E 公司没有投入 P1 产品的广告费，而 A 公司投入 P1 的广告费最高，为 3M。

第二，由 B 公司选单。虽然 B 公司在 P1 的产品广告费上与 C 公司相同，但上年排名高于 C 公司，因此，B 公司先于 C 公司选单。

第三，由 C 公司选单。

第四，由 A 公司再选单。A 公司投入 P1 产品的广告费组合为 $(1+2)$ M，因此获得多一次的选单机会。

国际市场 P2 选单的顺序为：

第一，由 B 公司选单。在国际市场上，市场老大 E 公司没有投入 P2 产品的广告费，虽然 B，C，D 公司在 P2 产品上投入的广告费用相同，但在国际市场上的总广告费投入 B，C 公司最高，B 公司上年排名高于 C 公司，因此获得最先选单。

第二，由 C 公司选单。

第三，由 D 公司选单。

⑥订单种类。

第一类为普通订单。普通订单是指在订单右下角无加急标识的订单。该类订单在一年之内任何交货期均可交货。订单上的账期表示客户收货时货款的交付方式。例如：0 账期，表示采用现金付款；4 账期，表示客户付给企业的是 4 个季度的应收账款。订单样图如图 5.1 所示。

第三年	本地市场	LP2-1/4
产品数量	2P2	
产品单价	8.5M/个	
总金额	17M	
账期	4Q	
(ISO)		(加急)

图 5.1　订单样图

第二类为加急订单。加急订单是指在订单右下角有加急标识的订单。该类订单第一季度必须交货，若不按期交货，会因违约而缴纳相应罚款。

第三类为 ISO 9000 或 ISO 14000 订单。具有 ISO 9000 或 ISO 14000 资格，并且在市场广告上投放了 ISO 9000 或 ISO 14000 广告费的公司，才可以拿单，且对该市场上的所有产品均有效。如果没有 ISO 9000 或 ISO 14000 的资格，却拿了 ISO 9000 或 ISO 14000 订单，直接扣罚订单总金额 25% 的罚款，订单作为废单处理。

⑦交货规则。必须按照订单规定的数量整单交货。如有产品数量超过 3 的订单，企业可以紧急采购订单数量 1/3 的产品，采购价格是成本价的两倍。

⑧违约处罚规则。所有订单必须在规定的期限内完成（按订单上的产品数量交货），即加急订单必须在第一季度交货，普通订单必须在本年度交货等。如果订单没有完成，按下列条款加以处罚：

第一，下年市场地位下降一级（如果是市场第一的，则该市场第一空缺，所有公司均没有优先选单的资格）。

第二,违约时扣除订单额的25%（四舍五入取整）作为违约金。

例如,A公司在第二年时为本地市场的老大,且在本地市场上有一张总额为20M的订单,但由于产能计算失误,在第二年不能交货,需要扣除5M（20M×25%）的违约金。A公司在参加第三年本地市场订货会时丧失市场老大的订单选择优先权,并且在第三年第一季度该订单必须首先交货,才可以获得订单销售收入,否则该订单作为废单处理。

5.10　自选广告竞单

在第三年、第五年订货会后,召开竞单会。

参与竞标的订单标明了订单编号、市场、产品、数量、ISO要求等,而总价、交货期、账期三项为空。竞标订单的相关要求说明如下:

1）投标资质

参与投标的公司需要有相应市场、ISO认证的资质,但不必有生产资格。

中标的公司需为该单支付1M标书费,计入广告费。

如果已竞得单数+本次同时竞单数（即2）>现金余额,则不能再竞,即必须有一定的库存现金作为保证金。如库存现金为5M,已经竞得4张订单,扣除了4M标书费,还剩余1M库存现金,则不能继续参与竞单,因为万一再竞得2张,1M库存现金不足以支付标书费。

破产队不能参与投标。

2）投标

参与投标的公司须根据所投标的订单,填写总价、交货期、账期三项内容,确认后由教师按照:

$$得分 = 100 + (5 - 交货期得分) \times 4 + 应收账期得分 - 总价得分$$

以得分最高者中标。

如果计算分数相同,则先提交者中标。

提请注意:

总价不能低于（可以等于）成本价,也不能高于（可以等于）成本价的三倍。

具体第三年、第五年的自选广告单参见第8章。

5.11　破产规则

任一经营期内,当所有者权益小于零（资不抵债）和现金断流时为破产。破产后,企业可以申请特殊贷款(教师特别注资 20M/次)继续经营,但必须严格按照产能争取订单(每次竞单前需要向主裁判提交产能报告),破产的参赛队不参加最后的成绩排名。

5.12 企业沙盘模拟课程评比及扣分规则

比赛结果以参加比赛各队的最后权益、生产能力、资源状况等进行综合评分,分数高者为优胜。评分以最后的权益数为基数,以生产能力、资源等为加权系数计算而得。在加权系数中,以下情况不能在加权系数中加分:

①企业购入的生产线,只要没有生产出一个产品,都不能获得加分。

②已经获得各项资格证书的市场、ISO 产品才能获得加分,正在开发但没有完成的,不能获得加分。

在企业运行过程中,对于不能按照规则运行或不能按时完成运行的企业,在最终评定的总分中,给予减分的处罚。

1)扣分规定

①民间借贷扣减 5 分/20M。

②报表不平或者账实不符,教师强制平账,罚总分 5 分/次。

③报表不平或者账实不符,教师指导平账,罚总分 3 分/次。

④报表修改,罚总分 3 分/次。

⑤重新推导当年经营,罚总分 10 分/次。

⑥重新推导所有年经营,罚总分 20 分/次。

⑦违反规则运作,如新建生产线没有执行规定的安装周期、没有按照标准的生产周期进行生产等,罚总分 5 分/次。

⑧不如实填写操作过程中的各项表单的情况,一经核实按情节严重扣减总分 5 ~ 10 分/次。

⑨在运行过程中如果出现对裁判正确的判罚不服从或者其他严重影响比赛正常进行的活动,视情节轻重,扣除该队总得分的 20 ~ 50 分。

2)得分计算

得分计算方法:

$$得分 = 权益 \times (1 + 总分/100) - 扣分$$

总分项目包括:

①市场开拓:区域(10)+国内(20)+亚洲(25)+国际(30)。

②产品研发:P2(15)+P3(25)+P4(35)。

③市场排名:正式运营期间每次市场老大 5 分。

④ISO 认证:ISO 9000(5)+ISO 14000(10)。

⑤生产线（需产出至少一个产品）：手工线（5）、半自动线（8）、全自动线（15）、柔性线（20）。

⑥厂房：大厂房（40）、小厂房（30）。

⑦以上所有得分的总和为总分。

第6章

企业经营沙盘模拟实训年度运营流程

沙盘企业日常运营应当按照一定的流程来进行,这个流程就是任务清单。任务清单反映了企业在运行过程中的先后顺序,必须按照此清单自上而下、从左向右的顺序进行。

为了对沙盘企业的日常运营有一个详细的了解,这里,我们按照任务清单(表6.1)的顺序,对日常运营过程中的操作要点进行介绍。

表6.1 企业每年运营任务清单

企业经营流程 请按顺序执行下列各项操作。	每执行完一项操作,CEO 请在相应的方格内填写。 CFO(助理)在方格中填写现金收支情况。			
新年度规划会议				
参加订货会/登记销售订单				
制订新年度计划				
支付应付税				
支付利息/更新长期贷款/申请长期贷款				
季初现金盘点(请填余额)				
更新短期贷款/还本付息/申请短期贷款				
更新民间借贷/还本付息/申请民间借贷				
更新原材料订单/原材料入库				
下原材料订单				
更新生产/完工入库				
建设新生产线/变卖生产线/生产线转产				
紧急采购原材料				
开始下一批生产				
更新应收账款/应收账款收现				
出售厂房				
紧急采购产成品				
按订单交货				

续表

产品研发投资			
支付行政管理费			
其他现金收支情况登记			
支付设备维护费			
支付租金/购买厂房			
计提折旧			(　　)
新市场开拓/ISO 资格认证投资			
结账			
现金收入合计			
现金支出合计			
期末现金对账(请填余额)			

6.1　新年度规划会议

在一年之初,企业应当谋划全年的经营,预测可能出现的问题和情况,分析可能面临的问题和困难,寻找解决问题的途径和办法,使企业未来的经营活动处于掌控之中。为此,企业首先应当召集各位业务主管召开新年度规划会议,初步制订企业本年度的投资规划;其次,市场总监参加一年一度的产品订货会,竞争本年度的销售订单;最后,根据销售订单情况,调整企业本年度的投资规划,制订本年度的工作计划,开始本年度的各项工作。

常言道:"预则立,不预则废。"在开始新的一年经营之前,CEO 应当召集各位业务主管召开新年度规划会议,根据各位主管掌握的信息和企业的实际情况,初步提出企业在新一年的各项投资规划,包括市场和认证开发、产品研发、设备投资、生产经营等规划。同时,为了能准确地在一年一度的产品订货会上争取销售订单,还应当根据规划精确地计算出企业在该年的产品完工数量,确定企业的可接订单数量。

1)新年度全面规划

新年度规划涉及企业在新的一年如何开展各项工作的问题。通过制订新年度规划,可以使各位业务主管做到在经营过程中胸有成竹,知道自己在什么时候该干什么,可以有效预防经营过程中决策的随意性和盲目性,减少经营失误;同时,在制订新年度规划时,各业务主管已经就各项投资决策达成了共识,可以使各项经营活动有条不紊地进行,可以有效提高团队的合作精神,鼓舞士气,提高团队的战斗力和向心力,使团队成员之间更加团结、协调、和谐。

新年度全面规划内容涉及企业的发展战略规划、投资规划、生产规划和资金筹集规划等。要做出科学合理的规划,企业应当结合目前和未来的市场需求、竞争对手可能的策略以及本企业的实际情况进行。在进行规划时,企业首先应当对市场进行准确的预测,包括预测各个市场产品的需求状况和价格水平,预测竞争对手可能的目标市场和产能情况,预测各个竞争对手在新的一年的资金状况(资金的丰裕和不足将极大地影响企业的投资和生产);其次,在此基础上,各业务主管提出新年度规划的初步设想,大家就此进行论证;最后,在权衡各方利弊得失后,做出企业新年度的初步规划。企业在进行新年度规划时,可以从以下方面展开:

(1)市场开拓规划

企业只有开拓了市场才能在该市场销售产品。企业拥有的市场决定了企业产品的销售渠道。开拓市场投入资金会导致企业当期现金的流出,增加企业当期的开拓费用,减少当期的利润。所以,企业在制订市场开拓规划时,应当考虑当期的资金情况和所有者权益情况。只有在资金有保证,减少的利润不会对企业造成严重后果(比如,开拓市场增加费用而减少利润使企业所有者权益为负数)时才能进行。在进行市场开拓规划时,企业主要应当明确以下问题:

①企业的销售策略是什么? 企业可能会考虑哪个市场产品价格高就进入哪个市场,也可能是哪个市场需求大就进入哪个市场,也可能两个因素都会考虑。企业应当根据销售策略明确需要开拓什么市场、开拓几个市场。

②企业的目标市场是什么? 企业应当根据销售策略和各个市场产品的需求状况、价格水平、竞争对手的情况等明确企业的目标市场。

③什么时候开拓目标市场? 在明确了企业的目标市场后,还涉及什么时候进入目标市场的问题,企业应当结合资金状况和产品生产情况明确企业目标市场的开拓时间。

(2)ISO 认证开发规划

企业只有取得 ISO 认证资格,才能在竞单时取得标有 ISO 条件的订单。不同的市场、不同的产品、不同的时期,对 ISO 认证的要求是不同的,不是所有的市场在任何时候对任何产品都有 ISO 认证要求。所以,企业应当对是否进行 ISO 认证开发进行决策。同样,要进行 ISO 认证,需要投入资金。如果企业决定进行 ISO 认证开发,也应当考虑对资金和所有者权益的影响。由于 ISO 认证开发是分期投入的,因此,在进行开发规划时,应当考虑以下问题:

①开发何种认证? ISO 认证包括 ISO 9000 认证和 ISO 14000 认证。企业可以只开发其中的一种或者两者都开发。到底开发哪种,取决于企业的目标市场对 ISO 认证的要求,取决于企业的资金状况。

②什么时候开发? 认证开发可以配合市场对认证要求的时间进行。企业可以从有关市场预测的资料中了解市场对认证的要求情况。一般而言,时间越靠后,市场对认证的要求会越高。企业如果决定进行认证开发,在资金和所有者权益许可的情况下,可以适当提前开发。

(3)产品研发投资规划

企业在经营前期,产品品种单一,销售收入增长缓慢。企业如果要增加收入,就必须多销售产品。而要多销售产品,除了销售市场要足够多之外,还必须要有多样化的产品,因为每个市场对单一产品的需求总是有限的。为此,企业需要做出是否进行新产品研发的决策。企业如果要进行新产品的研发,就需要投入资金,同样会影响当期现金流量和所有者权益。所以,企业在进行产品研发投资规划时,应当注意以下问题:

①企业的产品策略是什么? 由于企业可以研发的产品品种多样,企业需要做出研发哪几种产品的决策。出于资金、产能的原因,企业一般不同时研发所有的产品,而是根据市场的需求和竞争对手的情况,选择其中的一种或两种进行研发。

②企业从什么时候开始研发以及研发哪些产品? 企业决定要研发产品的品种后,需要考虑的就是什么时候开始研发以及研发什么产品的问题。不同的产品可以同时研发,也可以分别研发。企业可以根据市场、资金、产能、竞争对手的情况等方面来确定。

(4)设备投资规划

企业生产设备的数量和质量影响产品的生产能力。企业要提高生产能力,就必须对落后的生产设备进行更新,补充现代化的生产设备。要更新设备,需要用现金支付设备款,支付的设备款记入当期的在建工程,设备安装完成后,增加固定资产。所以,设备投资支付的现金不影响当期的所有者权益,但会影响当期的现金流量。正是因为设备投资会影响现金流量,所以,在设备投资时,应当重点考虑资金的问题,防止出现由于资金问题而使投资中断,或者投资完成后由于没有资金不得不停工待料等情况。企业在进行设备投资规划时,应当考虑以下问题:

①新的一年,企业是否要进行设备投资? 应当说,每个企业都希望扩大产能、扩充新生产线、改造落后的生产线,但是,要扩充或更新生产线涉及时机的问题。一般而言,企业如果资金充裕,未来市场容量大,企业就应当考虑进行设备投资,扩大产能;反之,就应当暂缓或不进行设备投资。

②扩建或更新什么生产线? 由于生产线有手工线、半自动线、全自动线和柔性线四种,这就涉及该选择什么生产线的问题。一般情况下,企业应当根据资金状况和生产线是否需要转产等做出决策。

③扩建或更新几条生产线? 如果企业决定扩建或更新生产线,还涉及具体的数量问题。扩建或更新生产线的数量,一般根据企业的资金状况、厂房内生产线位置的空置数量、新研发产品的完工时间等来确定。

④什么时候扩建或更新生产线? 如果不考虑其他因素,应该说生产线可以在流程规定的每个季度进行扩建或更新,但是实际运作时,企业不得不考虑当时的资金状况、生产线完工后上线的产品品种、新产品研发完工的时间等因素。一般而言,如果企业有新产品研发,生产线建成的时间最好与其一致(柔性线和手工线除外),这样可以减少转产和空置的时间。从折旧的角度看,生产线的完工时间最好在某年的第一季度,这样可以相对减少折旧费用。

2)确定可接订单的数量

在新年度规划会议以后,企业要参加一年一度的产品订货会。企业只有参加产品订货会,才能争取到当年的产品销售订单。在产品订货会上,企业要准确拿单,就必须准确计算

出当年的产品完工数量,据此确定企业当年甚至每一个季度的可接订单数量。企业某年某产品可接订单数量的计算公式为:

某年某产品可接订单数量=年初该产品的库存量+本年该产品的完工数量

公式中,年初产品的库存量可以从沙盘盘面的仓库中找到,也可以从市场总监的营运记录单中找到(实际工作中从有关账簿中找到)。这里,最关键的是确定本年产品的完工数量。

完工产品数量是生产部门通过排产来确定的。在沙盘企业中,生产总监根据企业现有生产线的生产能力,结合企业当期的资金状况确定产品上线时间,再根据产品的生产周期推算产品的下线时间,从而确定每个季度、每条生产线产品的完工情况。为了准确测算产品的完工时间和数量,沙盘企业可以通过编制产品生产计划来进行。当然,企业也可以根据产品上线情况同时确定原材料的需求数量,这样,两者结合,既可确定产品的完工时间和完工数量,同时又可以确定每个季度原材料的需求量。我们举例介绍该计划的编制方法。企业某年年初有手工生产线、半自动生产线和全自动生产线各一条(全部空置),预计从第一季度开始在手工生产线上投产 P1 产品,在半自动和全自动生产线上投产 P2 产品(假设产品均已开发完成,可以上线生产;原材料能满足生产需要)。我们可以根据各生产线的生产周期编制产品生产及材料需求计划,企业从第一季度开始连续投产加工产品,第一年第一季度没有完工产品,第二季度完工 1 个 P2 产品,第三季度完工 2 个 P2 产品,第四季度完工 1 个 P1 产品和 1 个 P2 产品。同时,我们还可以看出企业在每个季度原材料的需求数量。根据该生产计划提供的信息,市场总监可以据此确定可接订单数量,采购总监可以据此作为企业原材料采购的依据。

需要注意的是,在编制产品生产及原材料需求计划时,企业首先应明确产品在各条生产线上的投产时间;然后根据各生产线的生产周期推算每条生产线投产产品的完工时间;最后将各条生产线完工产品的数量加总,得出企业在某一时期每种产品的完工数量。同样,依据生产与用料的关系,企业根据产品的投产数量可以推算出各种产品投产时需要投入的原材料数量;然后,将各条生产线上需要的原材料数量加总,可以得到企业在每个季度所需要的原材料数量。采购总监可以根据该信息确定企业需要采购什么、什么时间采购、采购多少等。

6.2 参加订货会、支付广告费、登记销售订单

销售产品必须要有销售渠道。对于沙盘企业而言,销售产品的唯一途径就是参加产品订货会,争取销售订单。参加产品订货会需要在目标市场投放广告费,只有投放了广告费,企业才有资格在该市场争取订单。

在参加订货会之前,企业需要分市场、分产品在竞单表上登记投放的广告费金额。竞单表是企业争取订单的唯一依据,也是企业当期支付广告费的依据,应当采取科学的态度,认真对待。

一般情况下,市场总监代表企业参加订货会,争取销售订单。但为了从容应对竞单过程

中可能出现的各种复杂情况,企业也可由市场总监与 CEO 或采购总监一起参加订货会。竞单时,应当根据企业的可接订单数量选择订单,尽可能按企业的产能争取订单,使企业生产的产品在当年全部售完。应当注意的是,企业争取的订单一定不能突破企业的最大产能,否则,如果不能按期交单,将给企业带来巨大的损失。

沙盘企业中,广告费一般在参加订货会后一次性支付。所以,企业在投放广告时,应当充分考虑企业的支付能力。也就是说,投放的广告费一般不能突破企业年初未经营前现金库中的现金余额。

为了准确掌握销售情况,科学制订本年度工作计划,企业应将参加订货会争取的销售订单进行登记。拿回订单后,财务总监和市场总监分别在任务清单的订单登记表中逐一对订单进行登记。为了将已经销售和尚未销售的订单进行区分,市场总监在登记订单时,只登记订单号、销售数量、账期,暂时不登记销售额、成本和毛利,当产品销售时,再进行登记。

6.3 制订新年度计划

企业参加订货会取得销售订单后,已经明确了当年的销售任务。企业应当根据销售订单对前期制订的新年度规划进行调整,制订新年度工作计划。新年度工作计划是企业在新的一年为了开展各项经营活动而事先进行的工作安排,它是企业执行各项任务的基本依据。新年度工作计划一般包括投资计划、生产计划、销售计划、采购计划、资金筹集计划等。沙盘企业中,当企业取得销售订单后,企业的销售任务基本明确,已经不需要制订销售计划了。这样,企业的新年度计划主要围绕生产计划、采购计划和资金的筹集计划进行。

为了使新年度计划更具有针对性和科学性,计划一般是围绕预算来制订的。预算可以将企业的经营目标分解为一系列具体的经济指标,使生产经营目标进一步具体化,并落实到企业的各个部门,这样企业的全体员工就有了共同努力的方向。沙盘企业中,通过编制预算,特别是现金预算,可以在企业经营之前预见经营过程中可能出现的现金短缺或盈余,便于企业安排资金的筹集和使用;同时,通过预算,可以对企业的规划及时进行调整,防止出现由于资金断流而破产的情况。

现金预算,首先需要预计现金收入和现金支出。实际工作中,对现金收入和支出只能进行合理的预计,很难进行准确的测算。沙盘企业中,现金收入相对比较单一,主要是销售产品收到的现金,可以根据企业的销售订单和预计交单时间准确地估算。现金支出主要包括投资支出、生产支出、采购原材料支出、综合费用支出和日常管理费用支出等。这些支出可以进一步分为固定支出和变动支出两部分。固定支出主要是投资支出、综合费用支出、管理费用支出等,企业可以根据规则准确计算。变动支出是随产品生产数量的变化而变化的支出,主要是生产支出和原材料采购支出。企业可以根据当年的生产线和销售订单情况安排生产,在此基础上通过编制产品生产与原材料需求计划,准确地测算出每个季度投产所需要的加工费。同时,根据原材料需求计划确定原材料采购原计划,准确确定企业在每个季度采购原材料所需要的采购费用。这样,通过预计现金收入和现金支出,可以比较准确地预计企业现金的短缺或盈余。如果现金短缺,就应当想办法筹集资金,如果不能筹集资金,就必须调整规划或计划,减少现金支出。反之,如果现金有较多盈余,可以调整规划或计划,增加长期资产的投资,增强企业的后续发展实力。

实际工作中,企业要准确编制预算,首先应预计预算期内产品的销售量,在此基础上编制销售预算,预计现金收入;其次,编制生产预算和费用预算,预计预算期内的现金支出;最后编制现金预算。沙盘企业中,预算编制的程序与实际工作基本相同,但由于业务简化,可以采用简化的程序,即根据销售订单,先编制产品生产计划,再编制原材料采购计划,最后编制现金预算。

1)生产计划

沙盘企业中,编制生产计划的主要目的是确定产品投产的时间和投产的品种(当然也可以预计产品完工的时间),从而预计产品投产需要的加工费和原材料。生产计划主要包括产品生产及原材料需求计划、开工计划、原材料需求计划等。

前面我们已经介绍,企业在参加订货会之前,为了准确计算新年产品的完工数量,已经根据自己的生产线情况编制了产品生产及原材料需求计划。但是,由于取得的销售订单可能与预计有差异,企业有时需要根据取得的销售订单对产品生产计划进行调整,为此,就需要重新编制该计划。然后,企业根据确定的新的产品生产及原材料需求计划,编制开工计划和原材料需求计划。

开工计划是生产总监根据产品生产及原材料需求计划编制的,它将各条生产线产品投产数量按产品加总,将分散的信息集中在一起,可以直观看出企业在每个季度投产了哪些产品、分别有多少。同时,根据产品的投产数量,能确定每个季度投产产品所需要的加工费。财务总监将该计划提供的加工费信息作为编制现金预算的依据之一。

下面根据产品生产及原材料需求计划编制该企业的开工计划。

假如从产品生产及原材料需求计划可以看出,企业在第一季度投产 1 个 P1,2 个 P2,共计投产 3 个产品。根据规则,每个产品上线需投入加工费 1M,第一季度投产 3 个产品,需要 3M 的加工费。同样,企业根据产品投产数量可以推算出第二、三、四季度需要的加工费。

生产产品必须要有原材料,没有原材料,企业就无法进行产品生产。企业要保证原材料的供应,就必须事先知道企业在什么时候需要什么材料、需要多少。企业可以根据产品生产及原材料需求计划编制原材料需求计划,确定企业在每个季度所需要的原材料。原材料需求计划可以直观反映企业在某一季度所需要的原材料数量,采购总监可以据此订购所需要的原材料,保证原材料的供应。

2)原材料采购计划

企业要保证原材料的供应,必须提前订购原材料。实际工作中,采购原材料可能是现款采购,也可能是赊购。沙盘企业中,一般采用的是现款采购的规则。也就是说,订购的原材料到达企业时,必须支付现金。

原材料采购计划相当于实际工作中企业编制的直接材料预算,它是以生产需求计划为基础编制的。在编制原材料采购计划时,主要应当注意三个问题:

第一,订购的数量。订购原材料的目的是保证生产的需要,如果订购过多,占用了资金,会造成资金使用效率下降;订购过少,不能满足生产的需要。所以,原材料的订购数量应当以既能满足生产需要,又不造成资金的积压为原则,尽可能做到原材料零库存。为此,应当根据原材料的需要量和原材料的库存数量来确定原材料的订购数量。

第二,订购的时间。一般情况下,企业订购的原材料当季不能入库,要在下一季度或下两季度才能到达企业,为此,企业在订购原材料时,应当考虑原材料运输途中的时间,即原材料提前订货期。

第三,采购原材料付款的时间和金额。采购的原材料一般在入库时付款,付款的金额就是原材料入库应支付的金额,如果订购了原材料,就必须按期购买。当期订购的原材料不需要支付现金。

企业编制原材料采购计划,可以明确企业订购原材料的时间,采购总监可以根据该计划订购原材料,防止多订、少订、漏订原材料,保证生产的需要。同时,财务总监根据该计划可以了解企业采购原材料的资金需要情况,及时纳入现金预算,保证资金的供应。

下面根据原材料需求计划,编制该企业的原材料采购计划。

假如从原材料需求计划中可以看出,企业在每个季度都需要一定数量的 R1 和 R2 原材料。根据规则,R1 和 R2 原材料的提前订货期均为一个季度,也就是说,企业需要提前一个季度订购原材料。比如,企业在本年第一季度需要 3 个 R1 和 2 个 R2,则必须在上年的第四季度订购。当上年第四季度订购的原材料在本年第一季度入库时,需要支付原材料款 5M。同样,企业可以推算在每个季度需要订购的原材料以及付款的金额。据此,采购总监编制原材料采购计划。

3)现金预算

企业在经营过程中,常常出现现金短缺的"意外"情况,使正常经营不得不中断,搞得经营者焦头烂额。其实,仔细分析会发现,这种意外情况的发生不外乎两方面的原因:第一,企业没有正确编制预算,导致预算与实际严重脱节;第二,企业没有严格按计划经营,导致实际严重脱离预算。为了合理安排和筹集资金,企业在经营之前应当根据新年度计划编制现金预算。

现金预算是有关预算的汇总,由现金收入、现金支出、现金多余或不足、资金的筹集和运用 4 个部分组成。现金收入部分包括期初现金余额和预算期现金收入。现金支出部分包括预算的各项现金支出。现金多余或不足是现金收入合计与现金支出合计的差额。差额为正,说明收入大于支出,现金有多余,可用于偿还借款或用于投资;差额为负,说明支出大于收入,现金不足,需要筹集资金或调整规划或计划,减少现金支出。资金的筹集和运用部分是当企业现金不足或富裕时,筹集或使用的资金。

沙盘企业中,企业取得销售订单后,现金收入基本确定。当企业当年的投资和主生产计划确定后,企业的现金支出也基本确定,所以,企业应该能够通过编制现金预算准确预计企业经营期的现金多余或不足,可以有效预防意外情况的发生。如果企业通过编制现金预算发现资金短缺,而且通过筹资仍不能解决,则应当修订企业当年的投资和经营计划,最终使企业的资金满足需要。

现金预算表的格式有多种,可以根据实际需要自己设计。这里,我们介绍其中的一种,这种格式是根据沙盘企业的运营规则设计的。下面简要举例介绍现金预算表的编制。根据前面的资料,编制该企业该年的现金预算表。假设该企业有关现金预算资料如下:

年初现金:18M;

上年应交税费:0;

支付广告费:8M;

应收账款到期:第一季度15M,第二季度8M,第三季度8M,第四季度18M;

年末偿还长期贷款利息:4M;

年末支付设备维护费:2M。

投资规划:从第一季度开始连续开发 P2 和 P3 产品,开发国内和亚洲市场,同时进行 ISO 9000 和 ISO 14000 认证,从第三季度开始购买安装两条全自动生产线。产品生产及原材料采购需要的资金见表5.8。我们可以根据该规划,并结合生产和原材料采购计划,编制该企业的现金预算表,见表6.2。

表6.2　现金预算表　　　　　　　　　　　　　　　　单位:M

项　目	第一季度	第二季度	第三季度	第四季度
期初库存现金	18	13	14	4
支付上年应交税费				
市场广告投入	8			
支付短期贷款利息				
支付到期的短期贷款本金				
支付到期的应付账款				
支付原材料采购现金	5	2	4	3
支付生产线投资			8	8
支付转产费用				
支付产品加工费用	3	1	2	2
收到现金前的所有支出	16	3	14	13
应收账款到期收到现金	15	8	8	18
支付产品研发投资	3	3	3	3
支付管理费用	1	1	1	1
支付长期贷款利息				4
偿还到期的长期贷款				
支付设备维护费用				2
支付租金				
支付购买厂房费用				
支付市场开拓费用				2

项　目	第一季度	第二季度	第三季度	第四季度
支付 ISO 认证费				2
其他				
现金收入合计	15	8	8	18
现金支出合计	20	7	18	27
现金多余或不足	13	14		−5
向银行贷款				20
贴现收到现金				
期末现金余额	13	14	4	15

从编制的现金预算表可以看出,企业在第一、二、三季度收到现金前的支出都小于或等于期初的现金,而且期末现金都大于零,说明现金能满足需要。第三季度末,企业现金余额为 4M,也就是说,第四季度期初库存现金为 4M,但是,第四季度在收到现金前的现金支出为 13M,小于可使用的资金,这样,企业必须在第三或第四季度初筹集资金。因为企业可以在每季度初借入短期贷款,所以,企业应当在第四季度初贷入 20M 的短期贷款。

综上,企业为了合理组织和安排生产,在年初首先应当编制产品生产及原材料需求计划,明确企业在计划期内根据产能所能生产的产品数量,市场总监可以根据年初库存的产品数量和计划年度的完工产品数量确定可接订单数量,并根据确定的可接订单数量参加产品订货会。订货会结束后,企业根据确定的计划年度产品销售数量安排生产。为了保证原材料的供应,生产总监根据确定的生产计划编制原材料需求计划,采购总监根据生产总监编制的原材料需求计划编制原材料采购计划。财务总监根据企业规划确定的费用预算、生产预算和原材料需求预算编制资金预算,明确企业在计划期内资金的使用和筹集。

6.4　支付应付税

依法纳税是每个公民应尽的义务。企业在年初应支付上年应交的税费。企业按照上年资产负债表中"应交税费"项目的数值交纳税费。交纳税费时,财务总监从现金库中拿出相应现金放在沙盘综合费用的税费处,并在运营任务清单对应的方格内记录现金的减少数。

6.5　支付利息/更新长期贷款/申请长期贷款

企业要发展,资金是保证。在经营过程中,如果缺乏资金,正常的经营可能都无法进行,更谈不上扩大生产和进行无形资产投资了。如果企业的经营活动正常,从长远发展的角度来看,应适度举债,"借鸡生蛋"。

沙盘企业中,企业筹集资金的方式主要是长期贷款和短期贷款。长期贷款主要用于长期资产投资,比如购买生产线、产品研发等。短期贷款主要解决流动资金不足的问题,两者应结合起来使用。

企业为了发展,可能需要借入长期贷款。沙盘企业经营中,长期贷款的借入、利息的支付和本金的归还都是在每个季度初进行的。长期贷款期限在一年以上,每年年末付息一次,到期还本。本年借入的长期贷款下年末支付利息。需要注意的是,长期贷款和短期贷款共享统一额度,即上一经营年度所有者权益的 3 倍,取 20 倍数的整数值作为长期贷款和短期贷款的共享额度值。因此,每年可以贷款的额度是动态变化的,企业应该形成经营状况与贷款额度的良性循环,即企业经营越好,所有者权益越高,贷款额度越高。

操作要点如下:

1)CFO

(1)支付利息

根据企业已经借入的长期贷款计算本年应支付的利息,之后,从现金库中取出相应的利息放置在综合费用的利息处。

(2)更新长期贷款

将长期贷款往现金库推进一格,表示偿还期的缩短。如果长期贷款已经被推至现金库中,表示长期贷款到期,应持相应的现金和贷款登记表到交易处归还该借款。

(3)申请长期贷款

持上年报表和贷款申请表到交易处,经交易处审核后发放贷款。收到贷款后,将现金放进现金库中;同时,放一个空桶在长期贷款对应的账期处,空桶内写一张注明贷款金额、账期和贷款时间的长期贷款凭条。如果长期贷款续贷,财务总监持上年报表和贷款申请表到交易处办理续贷手续。之后,同样放一个空桶在长期贷款对应的账期处,空桶内写一张注明贷款金额、账期和贷款时间的凭条。

(4)记录

在任务清单对应的方格内登记由支付利息、归还本金导致的现金减少数,以及借入长期贷款增加的现金数。

2)CEO

在监督 CFO 完成以上操作后,在运营任务清单对应的方格内打上对应的记录符号。如果不做上面的操作,则在运营任务清单对应的方格内打"×"。

6.6 季初现金盘点（请填余额）

企业制订新年度计划后，就可以按照运营规则和工作计划进行经营了。

为了保证账实相符，企业应当定期对企业的资产进行盘点。沙盘企业中，企业的资产主要包括现金、应收账款、原材料、在产品、产成品等流动资产，以及在建工程、生产线、厂房等固定资产。盘点的方法主要采用实地盘点法，就是对沙盘盘面的资产逐一清点，确定实有数，然后将任务清单上记录的余额与其核对，最终确定余额。

盘点时，CEO指挥、监督团队成员各司其职，认真进行。如果盘点的余额与账面数一致，各成员就将结果准确无误地填写在任务清单的对应位置。季初余额等于上一季度末余额，由于上一季度末刚盘点完毕，因此可以直接根据上季度的季末余额填入。

操作要点如下：

①CFO。根据上季度末的现金余额填写本季度初的现金余额。第一季度现金账面余额的计算公式：

$$年初现金余额=上年末库存现金-支付的本年广告费-$$
$$支付上年应交的税费+其他收到的现金$$

②CPO。根据上季度末库存原材料数量填写本季度初库存原材料数量。

③COO。根据上季度末库存在产品数量填写本季度初在产品数量。

④CSO。根据上季度末产成品数量填写本季度初产成品数量。

⑤CEO。在监督各成员正确完成以上操作后，在运营任务清单对应的方格内打上相应符号。

6.7 更新短期贷款/还本付息/申请短期贷款（民间借贷）

民间借贷利息的支付和本金的归还，都是在每个季度初进行的。但是民间借贷的借入可以随时申请，即在运行过程的任何时间，都可以申请民间借贷，但民间借贷计息时间为运行当季的短期贷款申请时间，并随短期贷款的更新时间更新。

短期贷款（民间借贷）的借入、利息的支付和本金的归还都是在每个季度初进行的。其余时间要筹集资金，只能采取其他的方式，不能贷入短期贷款。

操作要点如下：

1）CFO

（1）更新短期贷款

将短期贷款往现金库方向推进一格，表示短期贷款离还款时间更接近。如果短期贷款已经推进现金库,则表示该贷款到期,应还本付息。

(2)还本付息

CFO从现金库中拿出利息放在沙盘综合费用的利息处;拿出相当于应归还借款本金的现金到交易处偿还短期贷款。

(3)申请短期贷款

如果企业需要借入短期贷款,则CFO填写公司贷款申请表到交易处借款。短期贷款借入后,放置一个空桶在短期贷款的第四账期处,在空桶内放置一张借入该短期贷款信息的纸条,并将现金放在现金库中。

(4)记录

在公司贷款登记表上登记归还的本金金额,在任务清单对应的方格内记录偿还的本金、支付利息的现金减少数,登记借入短期贷款增加的现金数。

2)CEO

在监督CFO正确完成以上操作后,在运营任务清单对应的方格内打"√"。

6.8　更新原材料订单/原材料入库

企业只有在前期订购了原材料,在交易处登记了原材料采购数量的,才能购买原材料。每个季度,企业应将沙盘中的原材料订单向原材料仓库推进一格,表示更新原材料订单。如果原材料订单本期已经推到原材料库,表示原材料已经到达企业,企业应验收入库原材料,并支付相应的原材料款。

操作要点如下:

1)CPO

(1)购买原材料

持现金和采购登记表在交易处买回原材料后,放在沙盘对应的原材料库中。

(2)记录

在采购登记表中登记购买的原材料数量,同时在任务清单对应的方格内登记入库的原材料数量。如果企业订购的原材料尚未到期,则CPO在任务清单对应的方格内打"√",

2)CFO

(1)支付原材料款

从现金库中拿出购买原材料需要的现金交给CPO。

(2)记录

在运营任务清单对应的方格内填上现金的减少数。

3）CEO

在监督 CFO 和 CPO 正确完成以上操作后，在任务清单对应的方格内打"√"。

6.9　下原材料订单

企业购买原材料必须提前在交易处下原材料订单，没下订单不能购买。下原材料订单不需要支付现金。

操作要点如下：

1）CPO

（1）下原材料订单

在采购登记表上登记订购的原材料品种和数量，在交易处办理订货手续；将从交易处取得的原材料采购订单放在沙盘的原材料订单处。

（2）记录

在任务清单对应的方格内记录订购的原材料数量。

2）CEO

在监督 CPO 正确完成以上操作后，在任务清单对应的方格内打"√"。

6.10　更新生产/完工入库

一般情况下，产品加工时间越长，完工程度越高。企业应在每个季度更新生产。当产品完工后，应及时下线入库。

操作要点如下：

1）COO

（1）更新生产

将生产线上的在制品向前推一格。如果产品已经推到生产线以外，表示产品完工下线，将该产品放在产成品库对应的位置。

（2）记录

在任务清单对应的方格内记录完工产品的数量。如果产品没有完工，则在运营任务清单对应的方格内打"√"。

2）CEO

在监督 COO 正确完成以上操作后，在任务清单对应的方格内打"√"。

6.11　建设新生产线/变卖生产线/生产线转产

企业要提高产能，必须对生产线进行改造，包括新购、变卖和转产等。新购的生产线安置在厂房空置的生产线位置；如果没有空置的位置，必须先变卖生产线。变卖生产线的目的主要是出于战略的考虑，比如将手工生产线换成全自动生产线等。如果生产线要转产，应当考虑转产周期和转产费。

操作要点如下：

1）建设新生产线

（1）COO

支付安装费。取所需要建设安装的生产线标识并反扣，每个季度向 CFO 申请建设资金，放置在其中的一个空桶内。空桶放置在卡牌背面。当空桶内都放置了该条生产线所需要的全部建设资金，表明费用全部投资支付完毕。投资完毕后，可以将生产线标识翻转过来，建设资金放在生产线净值处。在全部投资完成后的下一季度，可以领取生产标识，表示生产线建设完成，可以投入使用。

（2）CFO

①支付生产线建设费。从现金库取出现金交给 COO 用于生产线的投资。

②记录。在运营任务清单对应的方格内填上现金的减少数。

2）变卖生产线

（1）COO

①变卖。生产线只能按残值变卖。变卖时，将生产线及其产品生产标识交还给交易处，并将生产线的净值从价值处取出，将等同于变卖的生产线的残值部分交给财务总监，相当于变卖收到的现金。

②净值与残值差额的处理。如果生产线净值大于残值，则将净值大于残值的差额部分放在综合费用的其他处，表示出售生产线的净损失。

（2）CFO

①收现金。将变卖生产线收到的现金放在现金库。

②记录。在运营任务清单对应的方格内记录现金的增加数。

3）生产线转产

（1）COO

①更换标识。持原产品标识在交易处更换新的产品标识，并将新的产品标识反扣在生产线的产品标识处，待该生产线转产期满可以生产产品时，再将该产品标识正面放置在产品标识处。

②支付转产费。如果转产需要支付转产费，还应向 CFO 申请转产费，将转产费放在综合费用的转产费处。

③记录。正确完成以上全部操作后，在运营任务清单对应的方格内打"√"；如果不做上面的操作，则在运营任务清单对应的方格内打"×"。

（2）CFO

①支付转产费。如果转产需要转产费，将现金交给 COO。

②记录。在运营任务清单对应的方格内登记支付转产费而导致的现金减少数。

（3）CEO

在监督 COO 正确完成以上操作后，在运营任务清单对应的方格内打"√"。如果不做上面的操作，则在运营任务清单对应的方格内打"×"。

6.12　紧急采购原材料

企业如果没有下原材料订单，就不能购买原材料。如果企业生产急需原材料，常规情况下，紧急采购原材料是向交易处服务台进行采购的，紧急采购需要花两倍成本进行购入。例如，需要采购 2R1，那么就需要支付 4M 的价格进行购入。紧急采购的原材料可以直接入库。

此外，课程讲师可以根据实际需要，决定是否进行企业之间的原材料买卖行为。如果可以进行企业间交易，那么在此栏目中也可以填写"向其他企业购买原材料/出售原材料"相关交易事项内容。

1）向其他企业购买原材料

操作要点如下：

（1）CPO

①谈判。在进行组间的原材料买卖时，双方要谈妥原材料的交易价格，并采取一手交钱一手交货的方式进行交易。

②购买原材料。本企业从其他企业处购买原材料，先从 CFO 处申请取得购买原材料需要的现金，买进原材料后，将原材料放进原材料库。应当注意的是，原材料的成本是企业从其他企业购买原材料支付的价款，在计算产品成本时应按该成本作为领用原材料的成本。

③记录。在任务清单对应的方格内填上购入的原材料数量，并记录原材料的实际成本。

（2）CFO

①付款。将购买原材料需要的现金交给 CPO。

②记录。将购买原材料支付的现金数记录在任务清单对应的方格内。

2）向其他企业出售原材料

操作要点如下：

（1）CPO

①出售原材料。从原材料库取出原材料，收到对方支付的现金后将原材料交给购买方，并将现金交给 CFO。

②记录。在任务清单对应的方格内填上因出售而减少的原材料数量。

（2）CFO

①收现金。将出售原材料收到的现金放进现金库。

②交易收益的处理。如果出售原材料收到的现金超过购进原材料的成本，表示企业取得了交易收益，CFO 应当将该收益记录在利润表的"其他收入／支出"栏（为正数）。

③记录。将出售原材料收到的现金数记录在任务清单对应的方格内。

（3）CEO

在监督 CPO 和 CFO 正确完成以上操作后，在运营任务清单对应的方格内打"√"。如果不做上面的操作，则在运营任务清单对应的方格内打"×"。

6.13　开始下一批生产

企业如果有闲置的生产线，尽量安排生产。因为闲置的生产线仍然需要支付设备维护费、计提折旧，企业只有生产产品，并将这些产品销售出去，这些固定费用才能得到弥补。

操作要点如下：

1）COO

（1）领用原材料

从 CPO 处申请领取生产产品需要的原材料。

（2）加工费

从 CFO 处申请取得生产产品需要的加工费。

（3）上线生产

将生产产品所需要的原材料和加工费放置在空桶中（一个空桶代表一个产品），然后将这些空桶放置在空置的生产线上，表示开始投入产品生产。

（4）记录

在任务清单对应的方格内登记投产产品的数量。

2）CFO

（1）支付现金

审核 COO 提出的产品加工费申请后，将现金交给 COO。

（2）记录

在任务清单对应的方格内登记现金的减少数。

3）CPO

（1）发放原材料

根据 COO 的申请，发放生产产品所需要的原材料。

（2）记录

在运营任务清单对应的方格内登记生产领用原材料导致原材料的减少数。

4）CEO

在监督 COO，CFO 和 CPO 正确完成以上操作后，在任务清单对应的方格内打"√"。

6.14 更新应收账款/应收账款收现

沙盘企业中，企业销售产品一般收到的是"欠条"——应收账款。每个季度，企业应将应收账款向现金库方向推进一格，表示应收账款账期的减少。当应收账款被推进现金库时，表示应收账款到期，企业应持应收账款凭条到交易处领取现金。

操作要点如下：

1）CFO

（1）更新应收账款

将应收账款往现金库方向推进一格。当应收账款推进现金库时，表示应收账款到期。

（2）应收账款收现

如果应收账款到期，持应收账款登记表、任务清单和应收账款凭条到交易处领回相应现金。

（3）记录

在运营任务清单对应的方格内登记应收账款到期收到的现金数。

2）CEO

在监督 CFO 正确完成以上操作后，在运营任务清单对应的方格内打"√"。

6.15　出售厂房

企业如果需要筹集资金，可以出售厂房。厂房按原值出售。出售厂房当期不能收到现金，只能收到一张 4 账期的应收账款凭条。如果没有厂房，当期必须支付租金。

操作要点如下：

1）COO

（1）出售厂房

企业出售厂房时，将厂房价值拿到交易处，领回 40M 的应收账款凭条，交给 CFO。

（2）记录

在任务清单对应的方格内打"√"。

2）CFO

（1）收到应收账款凭条

将收到的应收账款凭条放置在沙盘应收账款的 4Q 处。

（2）记录

在应收账款登记表上登记收到的应收账款金额和账期，在任务清单对应的方格内打"√"。

3）CEO

在监督 COO 和 CFO 正确完成以上操作后，在任务清单对应的方格内打"√"。

6.16　紧急采购产成品

企业参加产品订货会时，如果取得的销售订单超过了企业最大生产能力，当年不能按订单交货，则构成违约，按规则将受到严厉的惩罚。如果企业生产急需产成品进行交货，常规情况下，紧急采购产成品是向交易处服务台进行采购的，紧急采购需要花两倍成本进行购入。例如，需要采购 2P1，那么就需要支付 8M 的价格进行购入。紧急采购的产成品可以直接入库。

此外,课程讲师可以根据实际需要,决定是否进行企业之间的产成品买卖行为。如果企业间可以进行交易,企业有库存积压的产品,也可以向其他企业出售。企业可以从其他企业购买产品来交单。那么,在此栏目中也可以填写"向其他企业购买成品/出售成品"相关交易事项内容。

1)向其他企业购买产品

操作要点如下:

(1)CSO

①谈判。在进行组间的产品买卖时,首先双方要谈妥产品的交易价格,并采取一手交钱一手交货的交易方式进行交易。

②购买。从CFO处申请取得购买产品所需要的现金,买进产品后,将产品放置在对应的产品库。注意:购进的产品成本应当是购进时支付的价款,在计算产品销售成本时应当按该成本计算。

③记录。在任务清单对应的方格内记录购入的产品数量。

(2)CFO

①付款。根据CSO的申请,审核后,支付购买原材料需要的现金。

②记录。将购买产品支付的现金数记录在运营任务清单对应的方格内。

2)向其他企业出售产品

操作要点如下:

(1)CSO

①出售。从产品库取出产品,从对方取得现金后将产品交给购买方,并将现金交给CFO。

②记录。由于出售导致产品减少,因此,CSO应在运营任务清单对应的方格内填上因出售而减少的产品数量。

(2)CFO

①收到现金。将出售产品收到的现金放进现金库。

②出售收益的处理。如果出售产品收到了现金,即组间交易出售产品价格高于购进产品的成本,表示企业取得了交易收益,应当在编制利润表时将该收益记录在利润表的"其他收入/支出"栏(为正数)。

③记录。将出售产品收到的现金数记录在任务清单对应的方格内。

(3)CEO

在监督CSO和CFO正确完成以上操作后,在运营任务清单对应的方格内打"√"。如果不做上面的操作,则在运营任务清单对应的方格内打"×"。

6.17 按订单交货

企业只有将产品销售出去才能实现收入,也才能收回垫支的成本。产品生产出来后,企业应按销售订单交货。

操作要点如下:

1)CSO

(1)销售

销售产品前,首先在订单登记表中登记销售订单的销售额,计算出销售成本和毛利之后,将销售订单和相应数量的产品拿到交易处销售。销售后,将收到的应收账款凭条或现金交给 CFO。

(2)记录

在完成上述操作后,在运营任务清单对应的方格内打"√"。如果不做上面的操作,则在任务清单对应的方格内打"×"。

2)CFO

(1)收到销货款

如果销售取得的是应收账款凭条,则将凭条放在应收账款相应的账期处;如果取得的是现金,则将现金放进现金库。

(2)记录

如果销售产品收到的是应收账款凭条,在应收账款登记表上登记应收账款的金额;如果收到现金,在任务清单对应的方格内登记现金的增加数。

3)CEO

在监督 CSO 和 CFO 正确完成以上操作后,在运营任务清单对应的方格内打"√"。如果不做上面的操作,则在运营任务清单对应的方格内打"×"。

6.18 产品研发投资

企业要研发新产品,必须投入研发费用。每季度的研发费用在季末一次性支付。当新产品研发完成,企业在下一季度可以投入生产。

操作要点如下:

1）CSO

（1）研发投资

企业如果需要研发新产品，则从 CFO 处申请取得研发所需要的现金，放置在产品研发对应位置的空桶内。如果产品研发投资完成，则从交易处领取相应产品的生产资格证放置在生产资格处。企业取得生产资格证后，从下一季度开始，可以生产该产品。

（2）记录

在运营任务清单对应的方格内打"√"。

2）CFO

（1）支付研发费

根据 CSO 提出的申请，审核后，用现金支付。

（2）记录

如果支付了研发费，则在运营任务清单对应的方格内登记现金的减少数。

3）CEO

在监督 CSO 和 CFO 正确完成以上操作后，在运营任务清单对应的方格内打"√"。如果不做上面的操作，则在运营任务清单对应的方格内打"×"。

6.19 支付行政管理费

企业在生产经营过程中会发生诸如办公费、人员工资等管理费用。沙盘企业中，行政管理费在每季度末一次性支付 1M，无论企业经营情况好坏、业务量多少，都是固定不变的，这是与实际工作的差异之处。

操作要点如下：

1）CFO

（1）支付管理费

每季度从现金库中取出 1M 现金放置在综合费用的管理费处。

（2）记录

在任务清单对应的方格内登记现金的减少数。

2）CEO

在监督 CFO 正确完成以上操作后，在运营任务清单对应的方格内打"√"。

6.20　其他现金收支情况登记

企业在经营过程中可能会发生除上述外的其他现金收入或支出,例如贴现费、罚款、违约金等事项。企业应将这些现金收入或支出进行记录。

操作要点如下:

1)CFO

企业如果有其他现金增加和减少情况,则在运营任务清单对应的方格内登记现金的增加或减少数。

2)CEO

在监督 CFO 正确完成以上操作后,在运营任务清单对应的方格内打"√"。如果不做上面的操作,则在任务清单对应的方格内打"×"。

6.21　季末盘点

每季度末,企业应对现金、原材料、在产品和产成品进行盘点,并将盘点的数额与账面结存数进行核对,如果账实相符,则将该数额填写在任务清单对应的方格内;如果账实不符,则找出原因后再按照实际数填写。

余额的计算公式为:

现金余额=季初余额+现金增加额-现金减少额

原材料库存余额=季初原材料库存数量+本期原材料增加数量-本期原材料减少数量

在产品余额=季初在产品数量+本期在产品投产数量-本期完工产品数量

产成品余额=季初产成品数量+本期产成品完工数量-本期产成品销售数量

6.22　沙盘企业年末工作

企业日常经营活动结束后,年末进行各种账项的计算和结转,编制各种报表,计算当年的经营成果,反映当前的财务状况,并对当年经营情况进行分析总结。

1)支付设备维护费

设备使用过程中会发生磨损,要保证设备正常运转,就需要进行维护。设备维护会发生诸如材料费、人工费等维护费用。沙盘企业中,只有生产线需要支付维护费。年末,只要是建设完毕的生产线,无论是否生产,都应支付维护费。尚未建设安装完工的生产线不支付维护费。设备维护费每年年末用现金一次性集中支付。

操作要点如下:

(1) CFO

①支付维护费。根据期末现有建设完工的生产线支付设备维护费。支付设备维护费时,从现金库中取出现金放在综合费用的维护费处。

②记录。在任务清单对应的方格内登记现金的减少数。

(2) CEO

在监督 CFO 正确完成以上操作后,在运营任务清单对应的方格内打"√"。

2)支付租金/购买厂房

企业要生产产品,必须要有厂房。厂房可以购买,也可以租用。年末,企业如果使用没有购买的厂房,则必须支付租金;如果不支付租金,则必须购买。

操作要点如下:

(1) CFO

①支付租金。从现金库中取出现金放在综合费用的租金处。

②购买厂房。从现金库中取出购买厂房的现金放在厂房的价值处。

③记录。在任务清单对应的方格内登记支付租金或购买厂房减少的现金数。

(2) CEO

在监督 CFO 正确完成以上操作后,在运营任务清单对应的方格内打"√"。如果不做上面的操作,则在运营任务清单对应的方格内打"×"。

3)计提折旧

固定资产在使用过程中会发生损耗,导致价值降低,应对固定资产计提折旧。沙盘企业中,固定资产计提折旧的时间、范围和方法可以与实际工作一致,也可以采用简化的方法。本书沙盘规则采用了简化的处理方法,与实际工作有一些差异。这些差异主要表现在:折旧在每年年末计提一次,计提折旧的范围仅仅限于生产线,折旧的方法采用直线法取整计算。在会计处理上,折旧费全部作为当期的期间费用,没有计入产品成本。

操作要点如下:

(1) CFO

①计提折旧。根据规则对生产线计提折旧。本书采用的折旧规则是按生产线原值与残值的差额,在建成后的 4 年中平均进行折旧。详细折旧规则可以参考第 5 章中关于生产线的折旧规则。计提折旧时,根据计算的折旧额从生产线的价值处取出相应的金额放置在综合费用旁的折旧处。

②记录。在运营任务清单对应的方格内登记折旧的金额。注意:在计算现金支出时,折旧不能计算在内,因为折旧并没有减少现金。

（2）CEO

在监督 CFO 正确完成以上操作后，在运营任务清单对应的方格内打"√"。

4）新市场开拓/ISO 资格认证投资

企业要扩大产品的销路必须开发新市场。不同的市场开拓所需要的时间和费用是不同的。同时，有的市场对产品有 ISO 资格认证要求，企业需要进行 ISO 资格认证投资。沙盘企业中，每年开拓市场和 ISO 资格认证的费用在年末一次性支付，计入当期的综合费用。

操作要点如下：

（1）CSO

①新市场开拓。从 CFO 处申请开拓市场所需要的现金，放置在沙盘所开拓市场对应的位置。当市场开拓完成，年末持开拓市场的费用到交易处领取市场准入的标识，放置在对应市场的位置上。

②ISO 资格认证投资。从 CFO 处申请 ISO 资格认证所需要的现金，放置在 ISO 资格认证对应的位置。当认证完成，年末持认证投资的费用到交易处领取 ISO 资格认证标识，放置在沙盘对应的位置。

③记录。进行了市场开拓或 ISO 认证投资后，在运营任务清单对应的方格内打"√"，否则，打"×"。

（2）CFO

①支付费用。根据 CSO 的申请，审核后，将市场开拓和 ISO 资格认证所需要的现金支付给 CSO。

②记录。在任务清单对应的方格内记录现金的减少数。

（3）CEO

在监督 CSO 和 CFO 正确完成以上操作后，在运营任务清单对应的方格内打"√"。

5）结账并编制报表

沙盘企业在每年的经营结束后，应当结账后编制相关会计报表，及时反映当年的财务和经营情况。在沙盘企业中，主要编制产品核算统计表、综合费用计算表、利润表和资产负债表。

（1）产品核算统计表

产品核算统计表（格式见表 6.3）是核算企业在经营期间销售各种产品情况的报表，它可以反映企业在某一经营期间产品销售数量、销售收入、产品销售成本和毛利情况，是编制利润表的依据之一。

产品核算统计表是企业根据实际销售情况编制的，其数据来源于订单登记表（格式见表 6.4），企业在取得销售订单后，CSO 应及时登记订单情况，当产品实现销售后，应及时登记产品销售的销售额、销售成本，并计算该产品的毛利。年末，企业经营结束后，CSO 根据订单登记表，分产品汇总各种产品的销售数量、销售额、销售成本和毛利，并将汇总结果填列在产品核算统计表中。

之后,CSO 将产品核算统计表交给 CFO, CFO 根据产品核算统计表中汇总的数据,登记利润表中的销售收入、直接成本和毛利栏。

表6.3 产品核算统计表

项　目	P1	P2	P3	P4	合计
数量					
销售额					
成本					
毛利					

表6.4 订单登记表

订单号								合计
市场								
产品								
数量								
账期								
销售额								
成本								
毛利								
未售								

（2）综合费用计算表

综合费用计算表（格式见表6.5）是综合反映在经营期间发生的各种除产品生产成本、财务费用外的其他费用。根据沙盘上的综合费用处的支出进行填写。

综合费用计算表的填制方法如下:

①"管理费"项目根据企业当年支付的行政管理费填列。企业每季度支付 1M 的行政管理费,全年共支付行政管理费 4M。

②"广告费"项目根据企业当年年初的广告登记表中填列的广告费填列。

③"设备保养费"项目根据企业实际支付的生产线保养费填列。根据规则,只要生产线建设完工,不论是否生产,都应当支付保养费。

④"租金"项目根据企业支付的厂房租金填列。

⑤"转产费"根据企业生产线转产支付的转产费填列。

⑥"市场准入开拓"根据企业本年开发市场支付的开发费填列。为了明确开拓的市场,需要在"备注"栏本年开拓的市场前打"√"。

⑦"ISO 资格认证"项目根据企业本年 ISO 认证开发支付的开发费填列。为了明确认证的种类,需要在"备注"栏本年认证的名称前打"√"。

⑧"产品研发"项目根据本年企业研发产品支付的研发费填列。为了明确产品研发的

品种,应在"备注"栏产品的名称前打"√"。

⑨"其他"项目主要根据企业发生的其他支出填列,比如,出售生产线净值大于残值的部分等。

表 6.5 综合费用计算表

单位:M

项 目	金 额	备 注
管理费		
广告费		
设备保养费		
租金		
转产费		
市场准入开拓		□区域　□国内　□亚洲　□国际
ISO 资格认证		□ISO 9000　□ISO 14000
产品研发		P2(　　)　P3(　　)　P4(　　)
其他		
合 计		

(3)利润表

利润表(格式见表 6.6)是反映企业一定期间经营状况的会计报表。利润表把一定期间内的营业收入与其同一期间相关的成本费用相配比,从而计算出企业一定时期的利润。编制利润表,可以反映企业生产经营的收益情况、成本耗费情况,表明企业生产经营成果。同时,利润表提供的不同时期的数据,可以分析企业利润的发展趋势和获利能力。

利润表的编制方法如下:

①利润表中"上年数"栏反映各项目的上年的实际发生数,根据上年利润表的"本年数"填列。利润表中"本年数"栏反映各项目本年的实际发生数,根据本年实际发生额的合计填列。

②"销售收入"项目,反映企业销售产品取得的收入总额,根据产品核算统计表填列。

③"直接成本"项目,反映企业本年已经销售产品的实际成本,根据产品核算统计表填列。

④"毛利"项目,反映企业销售产品实现的毛利,根据销售收入减去直接成本后的余额填列。

⑤"综合费用"项目反映企业本年发生的综合费用,根据综合费用表的合计数填列。

⑥"折旧前利润"项目反映企业在计提折旧前的利润,根据毛利减去综合费用后的余额填列。

⑦"折旧"反映企业当年计提的折旧额,根据当期计提的折旧额填列。

⑧"支付利息前的利润"项目反映企业支付利息前实现的利润,根据折旧前利润减去折旧后的余额填列。

⑨"财务收入／支出"项目反映企业本年发生的财务收入或者财务支出,比如借款利息、贴息等,根据沙盘上的"利息"填列。

⑩"其他收入／支出"项目反映企业其他业务形成的收入或者支出,比如出租厂房取得的收入等。

⑪"税前利润"项目反映企业本年实现的利润总额,根据支付利息前的利润加财务收入减去财务支出,再加上其他收入减去其他支出后的余额填列。

⑫"所得税"项目反映企业本年应交纳的所得税费用,根据税前利润除以3取整后的数额填列。

⑬"净利润"项目反映企业本年实现的净利润,根据税前利润减去所得税后的余额填列。

表6.6　利润表

项　目	上年数	本年数
销售收入		
直接成本		
毛利		
综合费用		
折旧前利润		
折旧		
支付利息前的利润		
财务收入／支出		
其他收入／支出		
税前利润		
所得税		
净利润		

(4)资产负债表

资产负债表是(格式见表6.7)反映企业某一特定日期财务状况的会计报表。它是根据"资产＝负债＋所有者权益"的会计等式编制的。

从资产负债表的结构可以看出,资产负债表由期初数和期末数两个栏目组成。资产负债表的"期初数"栏各项目数字应根据上年末资产负债表"期末数"栏内所列数字填列。

资产负债表的"期末数"栏各项目主要是根据有关项目期末余额资料编制,其数据的来源主要通过以下方式取得:

①资产类项目主要根据沙盘盘面的资产状况通过盘点后的实际金额填列。

②负债类项目中的"长期负债"和"短期负债"根据沙盘上的长期贷款和短期贷款数额填列,如果有将于一年内到期的长期负债,应单独反映。

③"应交税费"项目根据企业本年利润表中"所得税"项目的金额填列。

④所有者权益类中的"股东资本"项目,如果本年股东没有增资的情况下,直接根据上年末利润表中的"股东资本"项目填列;如果发生了增资,则为上年末的股东资本加上本年增资的资本。

⑤"利润留存"项目根据上年利润表中的"利润留存"和"年度净利"两个项目的合计数填列。

⑥"年度净利"项目根据利润表中的"净利润"项目填列。

表 6.7　资产负债表

资　产	期初数	期末数	负债和所有者权益	期初数	期末数
流动资产:			负债:		
现金			长期负债		
应收账款			短期负债		
在制品			应付账款		
成品			应交税费		
原材料			一年内到期的长期负债		
流动资产合计			负债合计		
固定资产:			所有者权益:		
土地和建筑			股东资本		
机器与设备			利润留存		
在建工程			年度净利		
固定资产合计			所有者权益合计		
资产总计			负债和所有者权益总计		

6)结账

一年经营结束,年终要进行一次"盘点",编制综合管理费用明细表、资产负债表和利润表。一经结账后,本年度的经营也就结束了,本年度所有的经营数据不能随意更改。结账后,在运营任务清单对应的方格内打"√"。

7)反思与总结

经营结束后,CEO 应召集团队成员对当年的经营情况进行分析,分析决策的成功与失误,分析经营的得与失,分析实际与计划的偏差及其原因等。记住:用心总结,用笔记录。

第7章

企业经营沙盘模拟对抗策略与技巧

7.1　整体经营策略

俗话说:"凡事预则立,不预则废。""未曾画竹,而已成竹在胸!"同样,做企业经营沙盘模拟前,也要有一整套策略成型于心,方能使你的团队临危不乱,镇定自若,在变幻莫测的比赛中笑到最后。

1)力压群雄——霸王策略

(1)策略介绍

在开赛初,筹到大量资金用于扩大产能,保证产能第一,以高广告策略(后面有详细介绍)夺取本地市场老大位置,并随着产品开发的节奏,成功实现 P1 向 P2、P2 向 P3 的主流产品过渡。在竞争中始终保持主流产品销售量和综合销售量第一。后期用高广告策略争夺主导产品的最高价市场的老大位置,保持权益最高,使对手望尘莫及,难以超越,最终直捣黄龙,拔得头筹。

(2)运作要点

运作好此策略关键有两点:一是资本运作,使自己有充足的资金用于产能扩大,并能抵御强大的还款压力,使资金运转正常,所以此策略对财务总监要求很高;二是精确的产能测算与生产成本预算,如何安排自己的产能扩大节奏? 如何实现零库存? 如何进行产品组合与市场开发? 这些将决定最终的成败。

(3)评述

采取霸王策略的团队要有相当的魄力,真得像当年霸王项羽那样,敢于破釜沉舟,谨小慎微者不宜采用。此策略的劣势在于如果资金或广告在某一环节出现问题,则会使自己陷于十分艰难的处境,过大的还款压力,可能使自己破产,所以此策略风险很高。

2）忍辱负重——越王策略

（1）策略介绍

采取此策略者通常是有很大的产能潜力，但期初广告运作失误，导致权益过低，处于劣势。所以在第二、三年不得不靠 P1 维持生计，延缓产品开发计划，或进行 P2 产品开发，积攒力量，度过危险期。在第四年时，突然推出 P3 或 P4 产品，配以精确广告策略（后面有详细介绍），出其不意地攻占对手的薄弱市场。在对手忙于应对时，自己早已掌控 P3 和 P4 的最高价市场，并抓住不放，不给对手机会，最终称霸市场。

（2）运作要点

此策略制胜的关键点在于广告运作和现金测算上，因为要采取精确广告策略，所以一定要仔细分析对手情况，找到他在市场中的薄弱环节，以最小的代价夺得市场，减少成本。还要现金测算，因为要出奇兵（P3 或 P4），但这些产品对现金要求很高，所以现金测算必须准确，以免因现金断流，完不成订单，而遭罚款。

（3）评述

越王策略，不是一种主动的策略，多半是在不利的情况下采取的，所以团队成员要有很强的忍耐力与决断力，不要被眼前一时的困难所压倒，并学会"好钢用在刀刃上"，节约开支，降低成本，先图生存，再想夺占。

3）见风使舵——渔翁策略

（1）策略介绍

当市场上有两家实力相当的企业争夺第一时，渔翁策略就派上用场了。首先在产能上要努力跟随前两者的开发节奏，同时内部努力降低成本，在每次新市场开辟时均采用低广告策略，规避风险，稳健经营，在双方两败俱伤时立即占领市场。

（2）运作要点

此策略的关键：第一，在于一个稳字，即经营过程中一切要按部就班，广告投入，产能扩大都要循序渐进，逐步实现，稳扎稳打；第二，要利用好时机，因为时机是稍纵即逝的，对对手一定要仔细分析。

（3）评述

渔翁策略在比赛中是常见的，但要成功一定要做好充分准备，只有这样才能在机会来临时一下抓住，从而使对手无法超越。

7.2 经营战略分析

企业资源计划是指在企业资源有限的情况下，如何整合企业可利用的资源，使之在提高企业竞争力的同时,也使企业的收益最大化。虚拟企业要做好资源计划,就需要对企业的整体资源做出长远的规划。在财务方面一定要做好现金预测,这对 CFO 及其助理提出了更高的要求。CFO 需要做好企业资源计划,是基于战略发展的需要,战略方向确定后,CFO 就要开始这一工作。那么如何做好战略这一基础工作呢?

1)以销定产再以产定销

选择主要想进入的市场,匹配相应的产品组合,再投入相应的生产线。

每个市场有它独特的产品需要,比如区域市场从第三年开始最偏爱的是 P4 产品,只要它与其他任何两种产品相配合就可以稳定市场老大的地位了。因为 P4 产品的研发费用高,回收期长,所以大多数公司的资金不能支持开发 P4 产品。由于产品研发的周期(4Q)大于生产线投资建设的周期,因此若投资全自动生产线(4Q)可以在产品研发的第三周期开始,在同一季度同时投资完成。这样生产线和 P4 产品的研发会在第二年内完成,资金将被充分利用,尽管企业遇到巨大的资金压力,但未来企业的竞争力是很强的。

很多企业在投资生产线时倾向于投资柔性生产线,认为其没有转产周期和费用,而不去投资全自动生产线。但是一条柔性生产线比全自动生产线多投入 8M,并不是个小数目,几乎需要 4 个 P1 产品或 2.5 个 P2 产品或 2 个 P3 产品的毛利才能实现。在此,企业必须清晰地规划自己的战略组合,市场定位一定要清晰,深入分析这个市场的需求量,最终确定自己的产品组合。

2)能否搜集到必要且准确的市场信息是企业战略制订和执行的关键

尽管竞争对手很多都身受竞争环境的困扰而不得解脱,但没有想经营破产的企业。每一家企业都在尽量搜集自己能掌握的信息,并对自己所掌握的信息进行筛选,再做对手的现实战略分析和未来发展方向的判断。所以当各家企业都认识到经营企业不是闭门造车时,都想看别人是怎么造"车"的,也都在尽力保护自己的战略秘密。企业要努力掌握最新的市场信息,把握竞争对手非常细微的动作。比如在年末公布企业经营情况时,就要把竞争对手的在建工程及产品原材料订单等数据及时抓住,这样就会对下一年对手期初用哪条生产线生产哪种产品做出判断。这样可以尽量避免下年初与竞争对手在同一市场上进行广告拼杀。在模拟的场景中,每个市场的需求量是不变的,不断变化的是满足需求时各企业的最终决策。每一项决策的最终拍板并不像赌徒把钱压在"宝"上一样,若那样,付出的代价会很大。"宝"虽然要压,但胜算不是 50%,而是要有 90% 的把握。

3)做好团队管理是管理团队成功的基础

没有完美的个人,却有优秀的个人,因为优秀的个人才有完美的团队。实现团队协作是参赛团队所追求的目标,然而这一目标远非说和想得那样轻松。团队成员的默契若想在短时间内实现,就要在不断的冲突中充分用实践去证明自己的观点是禁得起考验的。假设财务总监对生产总监、市场总监以及采购总监的行为不做出判断,当其他人需要费用时就给,情况很快就会变得严峻起来。ERP 更多的是教大家如何去做企业资源的计划,而不是通过某种侥幸获得意外的收益。

7.3 职能模块对抗技巧

1)战略模块技巧

(1)战略选择

ERP 里有多种经济战略,合适灵活的战术往往是持续发展的灵魂,举几种常见战术。

①压制型。

顾名思义,压制对手,从开场做起,最大限度地利用权益贷款,封锁本地市场最大利润的销售线,利用长期+短期贷款大力发展生产与高科技路线,给每一个市场都施加巨大压力。当对手喘不过气来也开始贷款时,利用他们的过渡期可以一举控制两个以上的市场,继续封锁销售路线,逼迫对手无法偿还高息而走向破产。此战术不可做任何保留,短长期双向贷款为的就是广告+科技+市场+生产线能最早成型。走此路线建议一定要争取第一和第二年市场老大的位置,巨额贷款的利息让人不堪重负,无法控制市场取得最大销售量就等于自杀。

②跟随型。

这种企业只有一个目的:不破产。首先在产能上要努力跟随市场的开发节奏,同时内部努力降低成本,在每次新市场开辟时均采用低广告策略,规避风险,稳健经营,在双方两败俱伤时立即占领市场。此策略的关键:第一,在于一个稳字,即经营过程中一切都按部就班,广告投入、产能扩大都循序渐进,逐步实现,稳扎稳打;第二,要利用好时机,因为时机是稍纵即逝的,对对手一定要仔细分析。

③保守型。

前 4~5 年保住自己的权益不降,不贷款,小量生产,到最后一年全额贷款,开设多条生产线,购买厂房,努力提高市场占有率。

④忍辱负重型。

这样的企业有多种分歧,有的在前期被迫贷款转型,占据新开发的市场来翻盘;有的只研制 P1,尽量省钱,在国际市场开放后一鼓作气垄断 P1 市场争取最大销售额;有的直接跳过 P2 的研制,从 P1 到 P3 转型,用新产品抢新市场份额;更有甚者忍 3 年,后期用纯 P4 获得市场最大毛利翻盘。这样的企业在前两年举动十分明显:不发展新产品但增加生产线,或者不强占市场份额而利用贷款增加生产线走高科技路线。此时便要时刻留意它们的发展,因为它们远比光明争夺市场的企业更具威胁性,必须要在它们爆发的那个时期控制住它们。

(2)广告费策略技巧

想把商品卖出去必须抢到单子,如果小打广告小卖产品所得的利润只能填补广告费与运营费用,但是贷款的利息逐年扣除,为了维护自己的权益,必须适量销售产品。

至于广告费的多少可以从多角度考虑:如果观察到竞争对手放弃大量产品的生产而在技术上增加投入时,广告费不宜过大;如果发现竞争对手在大量囤货时,可以避其锋芒保单即可,也可以大胆压制,消耗对方的广告费,哪怕比第二名多投 5M。利润不在于所赚的毛利有多少,而在于与竞争对手拉开的差距有多远,压制是一种保本逼迫对手急躁犯错的战术。

2)采购模块技巧

原材料采购需经过下原材料订单和采购入库两个步骤,这两个步骤之间的时间差称为订单提前期。要注意,R1 和 R2 原材料的提前期为 1Q,R3 和 R4 原材料的提前期为 2Q。每个经营年度的采购计划,需要结合当年的主生产计划来制订。因此,采购总监需要和生产总监协调沟通好,先期做好原材料需求与费用表,以确定经营年度各个季度需要下达的原材料订单。同时,也有助于财务总监对当年的现金预算表做出准确估算。

3)市场模块技巧

(1)广告投入技巧

①市场老大。

市场老大在投入广告费的时候,对需求量相对较大的产品 P2,P3 或 P4 最好投 3M,以免有人偷袭你市场老大的地位,而且如果有第二次选单机会,你可以选取一张单价比较好的订单。

②非市场老大。

在有市场老大的市场里最好打价格差,即投入广告费时以 2M,4M,6M,8M 为主。

③新市场。

在新市场上,如果想要争夺市场老大位置的话,广告费必须打价格差,广告总额在 12M 以上。如果不想争夺市场老大位置的话,广告费以 1M 或 2M 为主。

④认证广告。

自第四年起会出现相关订单,必须要投。

⑤广告投入技巧。

在投入广告费的时候,一定要综合各个组的产能及市场老大的情况。

总而言之,可概括为以下几点:

A. 每年年初打广告时,要注意上年年末留存的现金足以支付下年的广告费,如若不够,则要立即贴现,留够下年的广告费,再做报表。

B. 第一年投广告费时,一定要占领本地市场老大位置,而在以后几年市场竞争激烈时,至少要保住一个市场老大位置。另外,要问清楚评委老师有没有"二次加单"的机会,如若没有,则市场总监只能根据市场预测一次性地投入广告费,这就从根本上给市场总监打广告增加了一定难度,需要市场总监更好地预测市场情况。

C. 接下来几年的运营中,广告费至关重要,一定不可马虎。只有广告打好了,才有可能拿够订单,否则,即使企业的生产能力再强,如果订单没拿够,生产出的产品卖不出去就会成问题。如果订单拿够,而产品不够,应及时同其他企业合作以确保企业的正常运行与稳步发展。

(2)市场分析技巧

①本地市场。本地市场是兵家开局必争之地。前 3 年 P1 和 P2 价格上涨,4 年之后价格下滑。前 3 年可以为后期积累大量的资金,缓解贷款高利息所带来的压力。中后期可以

持续经济支援。前期因资金短缺,积压产品对发展非常不利,市场老大不是1=1的关系,是1=1+1的关系,一次广告争夺成功=两次主动占据市场龙头位置。

②区域市场。开发期短,市场需求量大,3年后价格明显下滑,可以在前3年赚取足够利润后第4年退出。

③国内市场。该市场的成型时期与P3产品的开始期极其接近,也正是P2产品的成熟期,此市场利润很大(相对P2与P3来说)。

④亚洲市场。开发期长,P3的成熟期,有ISO认证要求,但是利润远远大于申请认证所花费的资金。此年可以放弃区域市场的争夺而转向亚洲市场。

⑤国际市场。P2,P3,P4的价格合理,但是P1的价格得到极大程度的回升,要想争夺此市场,至少要留1条P1生产线。

（3）产品研发分析技巧

①P1。成本低,前期需求大。因为无须研制,所以前两年无疑就是P1的争夺战。主要销往3个市场:本地、区域、国际市场。

②P2。成本不高,需求量稳定,原材料补充快,研制周期短。倘若第一年本地市场老大位置没争夺到,可以提前开拓P2来争取区域市场老大位置。在第三年之后,可以由P2向P3转移继而争夺国内甚至亚洲老大位置。

③P3。利润高,研发成本高,可以作为后期压制对手与翻盘的一把利剑。建议在第三年后主要生产P3来压制科技升级慢的企业。可以说谁控制了P3市场谁就能控制国内与亚洲市场。

④P4。研发成本高,研发周期长,虽然说利润不菲,但是要求高,可销售时间不长,只有2~3年的销售期,一般不建议研制P4。

4)生产模块技巧

想占取大面积市场份额必须能销售大量的产品,没有坚固的生产线根本无法与对手竞争,即使有单也未必敢接,如果因接单而造成毁约更是得不偿失。

（1）租赁生产线

建设周期短,产能高,但费用很高,年租金为5M,且退租需缴纳10M,适合短期高利润率产品。

（2）手工生产线

灵活,但是生产率低,同样一年1M的维护费用,但是生产率远远不及其他生产线。转产灵活与折旧费低是它的优势。

（3）半自动生产线

生产率比手工生产线高,但是不及全自动与柔性生产线,转产周期限制了它的灵活性,相对来说,是前两年比较实用的生产线。

（4）全自动生产线

生产率最高,折旧费用适中,既使生产率最大化,也让自身效益保持稳定。唯一不足的就是灵活性差,转产周期长,因此不建议转产,可用到最后。停产半年所造成的损失远比转产后所取得的经济效益大。

（5）柔性生产线

最灵活、生产率最高的生产线。缺点是折旧率高，不建议多建设，准备一条转产备用即可。

为使效益最大化和权益最优化，全自动生产线是不二之选，因为折旧率直接和权益挂钩，生产率和分值是和柔性生产线相等的，实为竞争利刃。

5）财务模块技巧

资金是企业运行的血脉，在权益下降时适时贷款是一个企业发展的必要决策。

①如果企业在第一年的第一季度短期贷款，则要在第二年的第一季度还本付息。如果所有者权益允许，则还可续借短期贷款，但要支付利息。如果在企业能力允许的情况下，短期贷款也可提前还款，同时支付利息。

②企业要充分利用短期贷款的灵活性，根据企业资金的需要，分期短期贷款，这样可以减轻企业的还款压力。

③长期贷款、短期贷款在每次还款时，都要先看贷款额度。

④申请贷款时，要注意一点：所有者权益×2＝A，则：长期贷款≤A，短期贷款≤A。

长期贷款和短期贷款是分开计算利息的，短期贷款的利息低，可是一个企业要有所突破，光靠短期贷款根本无法维持，最好的方法就是长期贷款和短期贷款相结合。贴息可以缓解经济压力，贴息换来的代价就是权益的下降，具有双面性。

第 **3** 篇｜实操篇｜

第8章

各经营年度经营运行实操报表

8.1 运营表填写规范

运营表填写规范

填写规范： 请按顺序执行下列各项操作。		每执行完一项操作,财务总监请在相应的方格内打钩。 财务总监(助理)在方格中填写现金收支情况。		
新年度规划会议	☆(×)			
参加订货会/登记销售订单	−8			
制订新年度计划	☆			
支付应付税	−1			
支付利息/更新长期贷款/申请长期贷款	−2/☆/+20			
季初现金盘点(请填余额)	20			
更新短期贷款/还本付息/申请短期贷款	−1/☆/+20	×/×/×		
更新民间借贷/还本付息/申请民间借贷	−4/☆/+20	×/×/×		
更新原材料订单/原材料入库	☆/−1(1R1)	×/×		
下原材料订单	☆(2R1)	×		
更新生产/完工入库	☆/(1P1)	×		
建设新生产线/变卖生产线/转产	−4/+1/−1	×/×/×		
紧急采购原材料	−2(1R1)	×		

续表

开始下一批生产	−3（3P1）	×	
更新应收账款/应收账款收现	☆/+25	☆/×	
出售厂房	×	☆（40）	
紧急采购产成品	−4（1P1）	×	
按订单交货	☆（订单号）	+20（订单号）	
产品研发投资	−1（P1）	×	
支付行政管理费	−1	−1	
其他现金收支情况登记	违约金；罚款	贴现；+7−1	
支付设备维护费			
支付租金/购买厂房			
计提折旧			（　）
新市场开拓/ISO资格认证投资			
结账			
现金收入合计			
现金支出合计			
期末现金对账（请填余额）			

订单登记表

订单号									合计
市场									
产品									
数量									
账期									
销售额									
成本									
毛利									
出售期	此项填写"1,2,3,4,2.1"5种写法,分别表示该订单第几季度交货								

产品核算统计表

项　目	P1	P2	P3	P4	合　计
数量					
销售额					

续表

项　目	P1	P2	P3	P4	合　计
成本					
毛利					

综合管理费用明细表　　　　　　　　　　单位:百万

项　目	金　额	备　注
管理费		
广告费		
维护费		
租金		
转产费		
市场准入开拓		□区域　□国内　□亚洲　□国际
ISO 资格认证		□ISO 9000　□ISO 14000
产品研发	6	P2(2)　P3(4)　P4(　)
其他	包括违约金,罚款,咨询费,紧急采购原材料多余费用,出售生产线时净值——残值	
合　计		

利润表

项　目	上年数	本年数
销售收入	35	
直接成本		参考订单登记表中成本(如有紧急采购产成品,加上多余成本)
毛利	23	=销售收入-直接成本
综合费用	11	见综合费用表"合计"一栏
折旧前利润	12	=毛利-综合费用
折旧	4	
支付利息前利润	8	=折旧前利润-折旧
财务收入/支出	4	长短贷利息
其他收入/支出	0	民间借贷利息+贴现费用
税前利润		=支付利息前利润-(财务收入/支出)-(其他收入/支出)
所得税	1	弥补以前年度亏损后计算
净利润	3	=税前利润-所得税

资产负债表

资　产	期初数	期末数	负债和所有者权益	期初数	期末数
流动资产:			负债:		
现金	20		长期负债	40	
应收账款	15		短期负债		
在制品	8	价值	应付账款(民间借贷)		
成品	6	价值	应交税费	1	
原材料	3	价值	一年内到期的长期负债		
流动资产合计	52		负债合计	41	
固定资产:			所有者权益:		
土地和建筑	40	厂房	股东资本	50	50 不变
机器与设备	13	生产线	利润留存	11	
在建工程		没建成	年度净利	3	
固定资产合计	53		所有者权益合计	64	
资产总计	105		负债和所有者权益总计	105	

8.2　起始年运营表

起始年运营表规范

企业经营流程 请按顺序执行下列各项操作。	每执行完一项操作,财务总监请在相应的方格内打钩。 财务总监(助理)在方格中填写现金收支情况。				
新年度规划会议					
参加订货会/登记销售订单					
制订新年度计划					
支付应付税					
支付利息/更新长期贷款/申请长期贷款					
季初现金盘点(请填余额)					
更新短期贷款/还本付息/申请短期贷款					
更新民间借贷/还本付息/申请民间借贷					
更新原材料订单/原材料入库					

续表

下原材料订单				
更新生产/完工入库				
建设新生产线/变卖生产线/转产				
紧急采购原材料				
开始下一批生产				
更新应收账款/应收账款收现				
出售厂房				
紧急采购产成品				
按订单交货				
产品研发投资				
支付行政管理费				
其他现金收支情况登记				
支付设备维护费				
支付租金/购买厂房				
计提折旧				( )
新市场开拓/ISO 资格认证投资				
结账				
现金收入合计				
现金支出合计				
期末现金对账(请填余额)				

订单登记表

订单号											合计
市场											
产品											
数量											
账期											
销售额											
成本											
毛利											
出售期											

产品核算统计表

项　目	P1	P2	P3	P4	合　计
数量					
销售额					
成本					
毛利					

综合管理费用明细表　　　　　　　　　　　单位:百万

项　目	金　额	备　注
管理费		
广告费		
维护费		
租金		
转产费		
市场准入开拓		□区域　□国内　□亚洲　□国际
ISO 资格认证		□ISO 9000　□ISO 14000
产品研发		P2(　　)　P3(　　)　P4(　　)
其他		
合　计		

利润表

项　目	上年数	本年数
销售收入	35	
直接成本	12	
毛利	23	
综合费用	11	
折旧前利润	12	
折旧	4	
支付利息前利润	8	
财务收入/支出	4	
其他收入/支出	0	
税前利润	4	
所得税	1	
净利润	3	

资产负债表

资　产	期初数	期末数	负债和所有者权益	期初数	期末数
流动资产：			负债：		
现金	20		长期负债	40	
应收账款	15		短期负债		
在制品	8		应付账款(民间借贷)		
成品	6		应交税费	1	
原材料	3		一年内到期的长期负债		
流动资产合计	52		负债合计	41	
固定资产：			所有者权益：		
土地和建筑	40		股东资本	50	
机器与设备	13		利润留存	11	
在建工程			年度净利	3	
固定资产合计	53		所有者权益合计	64	
资产总计	105		负债和所有者权益总计	105	

8.3　三年试运营表

练习赛第一年

企业经营流程 请按顺序执行下列各项操作。	每执行完一项操作,财务总监请在相应的方格内打钩。 财务总监(助理)在方格中填写现金收支情况。			
新年度规划会议				
参加订货会/登记销售订单				
制订新年度计划				
支付应付税				
支付利息/更新长期贷款/申请长期贷款				
季初现金盘点(请填余额)				
更新短期贷款/还本付息/申请短期贷款				
更新民间借贷/还本付息/申请民间借贷				
更新原材料订单/原材料入库				

续表

下原材料订单				
更新生产/完工入库				
建设新生产线/变卖生产线/转产				
紧急采购原材料				
开始下一批生产				
更新应收账款/应收账款收现				
出售厂房				
紧急采购产成品				
按订单交货				
产品研发投资				
支付行政管理费				
其他现金收支情况登记				
支付设备维护费				
支付租金/购买厂房				
计提折旧				（　　）
新市场开拓/ISO资格认证投资				
结账				
现金收入合计				
现金支出合计				
期末现金对账（请填余额）				

现金预算表

项　目	1	2	3	4
期初库存现金				
支付上年应交税				
市场广告投入				
支付利息/支付到期长期贷款/申请长期贷款				
贴现费用				
短期贷款利息/支付到期短期贷款/申请短期贷款				
民间借贷利息/支付到期民间借贷/申请民间借贷				

续表

项　目	1	2	3	4
原材料采购支付现金				
转产费用				
生产线投资				
工人工资（加工费）				
产品研发投资				
收到现金前的所有支出				
应收账款到期				
支付管理费用				
设备维护费用				
租金				
购买新建筑				
市场开拓投资				
ISO 认证投资				
其他				
库存现金余额				

要点记录

第一季度：_____

第二季度：_____

第三季度：_____

第四季度：_____

年底小结：_____

订单登记表

订单号									合计
市场									
产品									
数量									
账期									
销售额									
成本									
毛利									
出售期									

产品核算统计表

项 目	P1	P2	P3	P4	合 计
数量					
销售额					
成本					
毛利					

综合管理费用明细表

单位:百万

项 目	金 额	备 注
管理费		
广告费		
维护费		
租金		
转产费		
市场准入开拓		□区域　□国内　□亚洲　□国际
ISO 资格认证		□ISO 9000　□ISO 14000
产品研发		P2(　　) P3(　　) P4(　　)
其他		
合 计		

利润表

项 目	上年数	本年数
销售收入		
直接成本		
毛利		
综合费用		
折旧前利润		
折旧		
支付利息前利润		
财务收入/支出		
其他收入/支出		
税前利润		
所得税		
净利润		

资产负债表

资　　产	期初数	期末数	负债和所有者权益	期初数	期末数
流动资产：			负债：		
现金			长期负债		
应收账款			短期负债		
在制品			应付账款（民间借贷）		
成品			应交税费		
原材料			一年内到期的长期负债		
流动资产合计			负债合计		
固定资产：			所有者权益：		
土地和建筑			股东资本		
机器与设备			利润留存		
在建工程			年度净利		
固定资产合计			所有者权益合计		
资产总计			负债和所有者权益总计		

练习赛第二年

企业经营流程 请按顺序执行下列各项操作。	每执行完一项操作，财务总监请在相应的方格内打钩。 财务总监（助理）在方格中填写现金收支情况。				
新年度规划会议					
参加订货会/登记销售订单					
制订新年度计划					
支付应付税					
支付利息/更新长期贷款/申请长期贷款					
季初现金盘点（请填余额）					
更新短期贷款/还本付息/申请短期贷款					
更新民间借贷/还本付息/申请民间借贷					
更新原材料订单/原材料入库					
下原材料订单					
更新生产/完工入库					
建设新生产线/变卖生产线/转产					
紧急采购原材料					
开始下一批生产					

续表

更新应收账款/应收账款收现				
出售厂房				
紧急采购产成品				
按订单交货				
产品研发投资				
支付行政管理费				
其他现金收支情况登记				
支付设备维护费				
支付租金/购买厂房				
计提折旧				( )
新市场开拓/ISO 资格认证投资				
结账				
现金收入合计				
现金支出合计				
期末现金对账（请填余额）				

现金预算表

项 目	1	2	3	4
期初库存现金				
支付上年应交税				
市场广告投入				
支付利息/支付到期长期贷款/申请长期贷款				
贴现费用				
短期贷款利息/支付到期短期贷款/申请短期贷款				
民间借贷利息/支付到期民间借贷/申请民间借贷				
原材料采购支付现金				
转产费用				
生产线投资				
工人工资（加工费）				
产品研发投资				

续表

项　目	1	2	3	4
收到现金前的所有支出				
应收账款到期				
支付管理费用				
设备维护费用				
租金				
购买新建筑				
市场开拓投资				
ISO 认证投资				
其他				
库存现金余额				

要点记录

第一季度：＿＿＿＿＿＿＿＿＿＿＿＿＿＿＿＿＿＿＿＿＿＿＿＿＿＿＿＿

第二季度：＿＿＿＿＿＿＿＿＿＿＿＿＿＿＿＿＿＿＿＿＿＿＿＿＿＿＿＿

第三季度：＿＿＿＿＿＿＿＿＿＿＿＿＿＿＿＿＿＿＿＿＿＿＿＿＿＿＿＿

第四季度：＿＿＿＿＿＿＿＿＿＿＿＿＿＿＿＿＿＿＿＿＿＿＿＿＿＿＿＿

年底小结：＿＿＿＿＿＿＿＿＿＿＿＿＿＿＿＿＿＿＿＿＿＿＿＿＿＿＿＿

订单登记表

订单号									合　计
市场									
产品									
数量									
账期									
销售额									
成本									
毛利									
出售期									

产品核算统计表

项　目	P1	P2	P3	P4	合　计
数量					

续表

项 目	P1	P2	P3	P4	合 计
销售额					
成本					
毛利					

综合管理费用明细表　　　　　　　　　　　　　单位：百万

项 目	金 额	备 注
管理费		
广告费		
维护费		
租金		
转产费		
市场准入开拓		□区域　□国内　□亚洲　□国际
ISO 资格认证		□ISO 9000　□ISO 14000
产品研发		P2(　　)　　P3(　　)　　P4(　　)
其他		
合 计		

利润表

项 目	上年数	本年数
销售收入		
直接成本		
毛利		
综合费用		
折旧前利润		
折旧		
支付利息前利润		
财务收入/支出		
其他收入/支出		
税前利润		
所得税		
净利润		

资产负债表

资　产	期初数	期末数	负债和所有者权益	期初数	期末数
流动资产：			负债：		
现金			长期负债		
应收账款			短期负债		
在制品			应付账款(民间借贷)		
成品			应交税费		
原材料			一年内到期的长期负债		
流动资产合计			负债合计		
固定资产：			所有者权益：		
土地和建筑			股东资本		
机器与设备			利润留存		
在建工程			年度净利		
固定资产合计			所有者权益合计		
资产总计			负债和所有者权益总计		

练习赛第三年

企业经营流程 请按顺序执行下列各项操作。	每执行完一项操作,财务总监请在相应的方格内打钩。 财务总监(助理)在方格中填写现金收支情况。		
新年度规划会议			
参加订货会/登记销售订单			
制订新年度计划			
支付应付税			
支付利息/更新长期贷款/申请长期贷款			
季初现金盘点(请填余额)			
更新短期贷款/还本付息/申请短期贷款			
更新民间借贷/还本付息/申请民间借贷			
更新原材料订单/原材料入库			
下原材料订单			
更新生产/完工入库			
建设新生产线/变卖生产线/转产			
紧急采购原材料			

续表

开始下一批生产				
更新应收账款/应收账款收现				
出售厂房				
紧急采购产成品				
按订单交货				
产品研发投资				
支付行政管理费				
其他现金收支情况登记				
支付设备维护费				
支付租金/购买厂房				
计提折旧				( )
新市场开拓/ISO 资格认证投资				
结账				
现金收入合计				
现金支出合计				
期末现金对账(请填余额)				

现金预算表

项 目	1	2	3	4
期初库存现金				
支付上年应交税				
市场广告投入				
支付利息/支付到期长期贷款/申请长期贷款				
贴现费用				
短期贷款利息/支付到期短期贷款/申请短期贷款				
民间借贷利息/支付到期民间借贷/申请民间借贷				
原材料采购支付现金				
转产费用				
生产线投资				
工人工资(加工费)				

续表

项　目	1	2	3	4
产品研发投资				
收到现金前的所有支出				
应收账款到期				
支付管理费用				
设备维护费用				
租金				
购买新建筑				
市场开拓投资				
ISO 认证投资				
其他				
库存现金余额				

要点记录

第一季度：＿＿＿＿＿＿＿＿＿＿＿＿＿＿＿＿＿＿＿＿＿＿＿＿＿＿＿＿＿

第二季度：＿＿＿＿＿＿＿＿＿＿＿＿＿＿＿＿＿＿＿＿＿＿＿＿＿＿＿＿＿

第三季度：＿＿＿＿＿＿＿＿＿＿＿＿＿＿＿＿＿＿＿＿＿＿＿＿＿＿＿＿＿

第四季度：＿＿＿＿＿＿＿＿＿＿＿＿＿＿＿＿＿＿＿＿＿＿＿＿＿＿＿＿＿

年底小结：＿＿＿＿＿＿＿＿＿＿＿＿＿＿＿＿＿＿＿＿＿＿＿＿＿＿＿＿＿

订单登记表

订单号								合　计
市场								
产品								
数量								
账期								
销售额								
成本								
毛利								
出售期								

产品核算统计表

项　目	P1	P2	P3	P4	合　计
数量					

续表

项 目	P1	P2	P3	P4	合 计
销售额					
成本					
毛利					

综合管理费用明细表

单位:百万

项 目	金 额	备 注
管理费		
广告费		
维护费		
租金		
转产费		
市场准入开拓		□区域 □国内 □亚洲 □国际
ISO 资格认证		□ISO 9000 □ISO 14000
产品研发		P2( ) P3( ) P4( )
其他		
合 计		

利润表

项 目	上年数	本年数
销售收入		
直接成本		
毛利		
综合费用		
折旧前利润		
折旧		
支付利息前利润		
财务收入/支出		
其他收入/支出		
税前利润		
所得税		
净利润		

资产负债表

资　产	期初数	期末数	负债和所有者权益	期初数	期末数
流动资产：			负债：		
现金			长期负债		
应收账款			短期负债		
在制品			应付账款（民间借贷）		
成品			应交税费		
原材料			一年内到期的长期负债		
流动资产合计			负债合计		
固定资产：			所有者权益：		
土地和建筑			股东资本		
机器与设备			利润留存		
在建工程			年度净利		
固定资产合计			所有者权益合计		
资产总计			负债和所有者权益总计		

8.4 试运营原材料需求费用表

原材料需求与费用表

项　目		第一年 第一季度	第一年 第二季度	第一年 第三季度	第一年 第四季度	第二年 第一季度	第二年 第二季度	第二年 第三季度	第二年 第四季度
手工线	产品下线并开始下一批生产								
	订单下达								
半自动	产品下线并开始下一批生产								
	订单下达								
全自动	产品下线并开始下一批生产								
	订单下达								
柔性线	产品下线并开始下一批生产								
	订单下达								
合计									
费用									

ERP 原材料需求与费用表

项　目		第三年 第一季度	第三年 第二季度	第三年 第三季度	第三年 第四季度	第四年 第一季度	第四年 第二季度	第四年 第三季度	第四年 第四季度
手工线	产品下线并开始 下一批生产								
	订单下达								
半自动	产品下线并开始 下一批生产								
	订单下达								
全自动	产品下线并开始 下一批生产								
	订单下达								
柔性线	产品下线并开始 下一批生产								
	订单下达								
合计									
费用									

8.5　试运营期广告单

广告单

第一年	项目	P1	P2	P3	P4		第二年	项目	P1	P2	P3	P4
	本地							本地				
	区域							区域				
	国内							国内				
	亚洲							亚洲				
	国际							国际				
第三年	项目	P1	P2	P3	P4		第四年	项目	P1	P2	P3	P4
	本地							本地				
	区域							区域				
	国内							国内				
	亚洲							亚洲				
	国际							国际				
第五年	项目	P1	P2	P3	P4		第六年	项目	P1	P2	P3	P4
	本地							本地				
	区域							区域				
	国内							国内				
	亚洲							亚洲				
	国际							国际				

8.6 正式运营六年表

第一年

企业经营流程 请按顺序执行下列各项操作。	每执行完一项操作,财务总监请在相应的方格内打钩。 财务总监(助理)在方格中填写现金收支情况。			
新年度规划会议				
参加订货会/登记销售订单				
制订新年度计划				
支付应付税				
支付利息/更新长期贷款/申请长期贷款				
季初现金盘点(请填余额)				
更新短期贷款/还本付息/申请短期贷款				
更新民间借贷/还本付息/申请民间借贷				
更新原材料订单/原材料入库				
下原材料订单				
更新生产/完工入库				
建设新生产线/变卖生产线/转产				
紧急采购原材料				
开始下一批生产				
更新应收账款/应收账款收现				
出售厂房				
紧急采购产成品				
按订单交货				
产品研发投资				
支付行政管理费				
其他现金收支情况登记				
支付设备维护费				
支付租金/购买厂房				
计提折旧				( )

续表

新市场开拓/ISO 资格认证投资				
结账				
现金收入合计				
现金支出合计				
期末现金对账（请填余额）				

现金预算表

项　目	1	2	3	4
期初库存现金				
支付上年应交税				
市场广告投入				
支付利息/支付到期长期贷款/申请长期贷款				
贴现费用				
短期贷款利息/支付到期短期贷款/申请短期贷款				
民间借贷利息/支付到期民间借贷/申请民间借贷				
原材料采购支付现金				
转产费用				
生产线投资				
工人工资（加工费）				
产品研发投资				
收到现金前的所有支出				
应收账款到期				
支付管理费用				
设备维护费用				
租金				
购买新建筑				
市场开拓投资				
ISO 认证投资				
其他				
库存现金余额				

要点记录

第一季度：＿＿＿＿＿＿＿＿＿＿＿＿＿＿＿＿＿＿＿＿＿＿＿＿＿＿＿＿＿

第二季度：＿＿＿＿＿＿＿＿＿＿＿＿＿＿＿＿＿＿＿＿＿＿＿＿＿＿＿＿＿

第三季度：＿＿＿＿＿＿＿＿＿＿＿＿＿＿＿＿＿＿＿＿＿＿＿＿＿＿＿＿＿

第四季度：＿＿＿＿＿＿＿＿＿＿＿＿＿＿＿＿＿＿＿＿＿＿＿＿＿＿＿＿＿

年底小结：＿＿＿＿＿＿＿＿＿＿＿＿＿＿＿＿＿＿＿＿＿＿＿＿＿＿＿＿＿

订单登记表

订单号										合　计
市场										
产品										
数量										
账期										
销售额										
成本										
毛利										
出售期										

产品核算统计表

项　目	P1	P2	P3	P4	合　计
数量					
销售额					
成本					
毛利					

综合管理费用明细表　　　　　　　　　　　　单位：百万

项　目	金　额	备　注
管理费		
广告费		
维护费		
租　金		
转产费		
市场准入开拓		□区域　□国内　□亚洲　□国际
ISO 资格认证		□ISO 9000　　□ISO 14000
产品研发		P2(　　)　P3(　　)　P4(　　)

续表

项　目	金　额	备　注
其　他		
合　计		

利润表

项　目	上年数	本年数
销售收入		
直接成本		
毛利		
综合费用		
折旧前利润		
折旧		
支付利息前利润		
财务收入/支出		
其他收入/支出		
税前利润		
所得税		
净利润		

资产负债表

资　产	期初数	期末数	负债和所有者权益	期初数	期末数
流动资产：			负债：		
现金			长期负债		
应收账款			短期负债		
在制品			应付账款(民间借贷)		
成品			应交税费		
原材料			一年内到期的长期负债		
流动资产合计			负债合计		
固定资产：			所有者权益：		
土地和建筑			股东资本		
机器与设备			利润留存		
在建工程			年度净利		
固定资产合计			所有者权益合计		
资产总计			负债和所有者权益总计		

第二年

企业经营流程 请按顺序执行下列各项操作。	每执行完一项操作,财务总监请在相应的方格内打钩。 财务总监(助理)在方格中填写现金收支情况。			
新年度规划会议				
参加订货会/登记销售订单				
制订新年度计划				
支付应付税				
支付利息/更新长期贷款/申请长期贷款				
季初现金盘点(请填余额)				
更新短期贷款/还本付息/申请短期贷款				
更新民间借贷/还本付息/申请民间借贷				
更新原材料订单/原材料入库				
下原材料订单				
更新生产/完工入库				
建设新生产线/变卖生产线/转产				
紧急采购原材料				
开始下一批生产				
更新应收账款/应收账款收现				
出售厂房				
紧急采购产成品				
按订单交货				
产品研发投资				
支付行政管理费				
其他现金收支情况登记				
支付设备维护费				
支付租金/购买厂房				
计提折旧				( )
新市场开拓/ISO 资格认证投资				
结账				
现金收入合计				
现金支出合计				
期末现金对账(请填余额)				

现金预算表

项　　目	1	2	3	4
期初库存现金				
支付上年应交税				
市场广告投入				
支付利息/支付到期长期贷款/申请长期贷款				
贴现费用				
短期贷款利息/支付到期短期贷款/申请短期贷款				
民间借贷利息/支付到期民间借贷/申请民间借贷				
原材料采购支付现金				
转产费用				
生产线投资				
工人工资（加工费）				
产品研发投资				
收到现金前的所有支出				
应收账款到期				
支付管理费用				
设备维护费用				
租金				
购买新建筑				
市场开拓投资				
ISO 认证投资				
其他				
库存现金余额				

要点记录

第一季度：_____

第二季度：_____

第三季度：_____

第四季度：_____

年底小结：_____

订单登记表

订单号										合 计
市场										
产品										
数量										
账期										
销售额										
成本										
毛利										
出售期										

产品核算统计表

项 目	P1	P2	P3	P4	合 计
数量					
销售额					
成本					
毛利					

综合管理费用明细表

单位:百万

项 目	金 额	备 注
管理费		
广告费		
维护费		
租 金		
转产费		
市场准入开拓		□区域 □国内 □亚洲 □国际
ISO 资格认证		□ISO 9000 □ISO 14000
产品研发		P2( ) P3( ) P4( )
其 他		
合 计		

利润表

项　目	上年数	本年数
销售收入		
直接成本		
毛利		
综合费用		
折旧前利润		
折旧		
支付利息前利润		
财务收入/支出		
其他收入/支出		
税前利润		
所得税		
净利润		

资产负债表

资　产	期初数	期末数	负债和所有者权益	期初数	期末数
流动资产：			负债：		
现金			长期负债		
应收账款			短期负债		
在制品			应付账款（民间借贷）		
成品			应交税费		
原材料			一年内到期的长期负债		
流动资产合计			负债合计		
固定资产：			所有者权益：		
土地和建筑			股东资本		
机器与设备			利润留存		
在建工程			年度净利		
固定资产合计			所有者权益合计		
资产总计			负债和所有者权益总计		

第三年

企业经营流程 请按顺序执行下列各项操作。	每执行完一项操作,财务总监请在相应的方格内打钩。 财务总监(助理)在方格中填写现金收支情况。			
新年度规划会议				
参加订货会/登记销售订单				
制订新年度计划				
支付应付税				
支付利息/更新长期贷款/申请长期贷款				
季初现金盘点(请填余额)				
更新短期贷款/还本付息/申请短期贷款				
更新民间借贷/还本付息/申请民间借贷				
更新原材料订单/原材料入库				
下原材料订单				
更新生产/完工入库				
建设新生产线/变卖生产线/转产				
紧急采购原材料				
开始下一批生产				
更新应收账款/应收账款收现				
出售厂房				
紧急采购产成品				
按订单交货				
产品研发投资				
支付行政管理费				
其他现金收支情况登记				
支付设备维护费				
支付租金/购买厂房				
计提折旧				( )
新市场开拓/ISO 资格认证投资				
结账				
现金收入合计				
现金支出合计				
期末现金对账(请填余额)				

现金预算表

项 目	1	2	3	4
期初库存现金				
支付上年应交税				
市场广告投入				
支付利息/支付到期长期贷款/申请长期贷款				
贴现费用				
短期贷款利息/支付到期短期贷款/申请短期贷款				
民间借贷利息/支付到期民间借贷/申请民间借贷				
原材料采购支付现金				
转产费用				
生产线投资				
工人工资(加工费)				
产品研发投资				
收到现金前的所有支出				
应收账款到期				
支付管理费用				
设备维护费用				
租金				
购买新建筑				
市场开拓投资				
ISO 认证投资				
其他				
库存现金余额				

要点记录

第一季度：_____

第二季度：_____

第三季度：_____

第四季度：_____

年底小结：_____

订单登记表

订单号									合 计
市场									
产品									
数量									
账期									
销售额									
成本									
毛利									
出售期									

产品核算统计表

项 目	P1	P2	P3	P4	合 计
数量					
销售额					
成本					
毛利					

综合管理费用明细表

单位:百万

项 目	金 额	备 注
管理费		
广告费		
维护费		
租 金		
转产费		
市场准入开拓		□区域 □国内 □亚洲 □国际
ISO 资格认证		□ISO 9000 □ISO 14000
产品研发		P2( ) P3( ) P4( )
其 他		
合 计		

利润表

项　目	上年数	本年数
销售收入		
直接成本		
毛利		
综合费用		
折旧前利润		
折旧		
支付利息前利润		
财务收入／支出		
其他收入／支出		
税前利润		
所得税		
净利润		

资产负债表

资　产	期初数	期末数	负债和所有者权益	期初数	期末数
流动资产：			负债：		
现金			长期负债		
应收账款			短期负债		
在制品			应付账款(民间借贷)		
成品			应交税费		
原材料			一年内到期的长期负债		
流动资产合计			负债合计		
固定资产：			所有者权益：		
土地和建筑			股东资本		
机器与设备			利润留存		
在建工程			年度净利		
固定资产合计			所有者权益合计		
资产总计			负债和所有者权益总计		

第四年

企业经营流程 请按顺序执行下列各项操作。	每执行完一项操作,财务总监请在相应的方格内打钩。 财务总监(助理)在方格中填写现金收支情况。			
新年度规划会议				
参加订货会/登记销售订单				
制订新年度计划				
支付应付税				
支付利息/更新长期贷款/申请长期贷款				
季初现金盘点(请填余额)				
更新短期贷款/还本付息/申请短期贷款				
更新民间借贷/还本付息/申请民间借贷				
更新原材料订单/原材料入库				
下原材料订单				
更新生产/完工入库				
建设新生产线/变卖生产线/转产				
紧急采购原材料				
开始下一批生产				
更新应收账款/应收账款收现				
出售厂房				
紧急采购产成品				
按订单交货				
产品研发投资				
支付行政管理费				
其他现金收支情况登记				
支付设备维护费				
支付租金/购买厂房				
计提折旧				( )
新市场开拓/ISO 资格认证投资				
结账				
现金收入合计				
现金支出合计				
期末现金对账(请填余额)				

现金预算表

项　目	1	2	3	4
期初库存现金				
支付上年应交税				
市场广告投入				
支付利息/支付到期长期贷款/申请长期贷款				
贴现费用				
短期贷款利息/支付到期短期贷款/申请短期贷款				
民间借贷利息/支付到期民间借贷/申请民间借贷				
原材料采购支付现金				
转产费用				
生产线投资				
工人工资（加工费）				
产品研发投资				
收到现金前的所有支出				
应收账款到期				
支付管理费用				
设备维护费用				
租金				
购买新建筑				
市场开拓投资				
ISO 认证投资				
其他				
库存现金余额				

要点记录

第一季度：_____

第二季度：_____

第三季度：_____

第四季度：_____

年底小结：_____

订单登记表

订单号										合计
市场										
产品										
数量										
账期										
销售额										
成本										
毛利										
出售期										

产品核算统计表

项 目	P1	P2	P3	P4	合 计
数量					
销售额					
成本					
毛利					

综合管理费用明细表　　　　　　　　　　　单位：百万

项 目	金 额	备 注
管理费		
广告费		
维护费		
租 金		
转产费		
市场准入开拓		□区域 □国内 □亚洲 □国际
ISO 资格认证		□ISO 9000 □ISO 14000
产品研发		P2( ) P3( ) P4( )
其 他		
合 计		

利润表

项　目	上年数	本年数
销售收入		
直接成本		
毛利		
综合费用		
折旧前利润		
折旧		
支付利息前利润		
财务收入／支出		
其他收入／支出		
税前利润		
所得税		
净利润		

资产负债表

资　产	期初数	期末数	负债和所有者权益	期初数	期末数
流动资产：			负债：		
现金			长期负债		
应收账款			短期负债		
在制品			应付账款(民间借贷)		
成品			应交税费		
原材料			一年内到期的长期负债		
流动资产合计			负债合计		
固定资产：			所有者权益：		
土地和建筑			股东资本		
机器与设备			利润留存		
在建工程			年度净利		
固定资产合计			所有者权益合计		
资产总计			负债和所有者权益总计		

第五年

企业经营流程 请按顺序执行下列各项操作。	每执行完一项操作,财务总监请在相应的方格内打钩。 财务总监(助理)在方格中填写现金收支情况。		
新年度规划会议			
参加订货会/登记销售订单			
制订新年度计划			
支付应付税			
支付利息/更新长期贷款/申请长期贷款			
季初现金盘点(请填余额)			
更新短期贷款/还本付息/申请短期贷款			
更新民间借贷/还本付息/申请民间借贷			
更新原材料订单/原材料入库			
下原材料订单			
更新生产/完工入库			
建设新生产线/变卖生产线/转产			
紧急采购原材料			
开始下一批生产			
更新应收账款/应收账款收现			
出售厂房			
紧急采购产成品			
按订单交货			
产品研发投资			
支付行政管理费			
其他现金收支情况登记			
支付设备维护费			
支付租金/购买厂房			
计提折旧			( )
新市场开拓/ISO资格认证投资			
结账			
现金收入合计			
现金支出合计			
期末现金对账(请填余额)			

现金预算表

项　目	1	2	3	4
期初库存现金				
支付上年应交税				
市场广告投入				
支付利息/支付到期长期贷款/申请长期贷款				
贴现费用				
短期贷款利息/支付到期短期贷款/申请短期贷款				
民间借贷利息/支付到期民间借贷/申请民间借贷				
原材料采购支付现金				
转产费用				
生产线投资				
工人工资(加工费)				
产品研发投资				
收到现金前的所有支出				
应收账款到期				
支付管理费用				
设备维护费用				
租金				
购买新建筑				
市场开拓投资				
ISO 认证投资				
其他				
库存现金余额				

要点记录

第一季度：＿＿＿＿＿＿＿＿＿＿＿＿＿＿＿＿＿＿＿＿＿＿＿＿＿＿＿＿＿＿＿

第二季度：＿＿＿＿＿＿＿＿＿＿＿＿＿＿＿＿＿＿＿＿＿＿＿＿＿＿＿＿＿＿＿

第三季度：＿＿＿＿＿＿＿＿＿＿＿＿＿＿＿＿＿＿＿＿＿＿＿＿＿＿＿＿＿＿＿

第四季度：＿＿＿＿＿＿＿＿＿＿＿＿＿＿＿＿＿＿＿＿＿＿＿＿＿＿＿＿＿＿＿

年底小结：＿＿＿＿＿＿＿＿＿＿＿＿＿＿＿＿＿＿＿＿＿＿＿＿＿＿＿＿＿＿＿

订单登记表

订单号										合 计
市场										
产品										
数量										
账期										
销售额										
成本										
毛利										
出售期										

产品核算统计表

项 目	P1	P2	P3	P4	合 计
数量					
销售额					
成本					
毛利					

综合管理费用明细表   单位:百万

项 目	金 额	备 注
管理费		
广告费		
维护费		
租 金		
转产费		
市场准入开拓		□区域　□国内　□亚洲　□国际
ISO 资格认证		□ISO 9000　□ISO 14000
产品研发		P2( )　P3( )　P4( )
其 他		
合 计		

利润表

项 目	上年数	本年数
销售收入		
直接成本		
毛利		
综合费用		
折旧前利润		
折旧		
支付利息前利润		
财务收入／支出		
其他收入／支出		
税前利润		
所得税		
净利润		

资产负债表

资 产	期初数	期末数	负债和所有者权益	期初数	期末数
流动资产：			负债：		
现金			长期负债		
应收账款			短期负债		
在制品			应付账款（民间借贷）		
成品			应交税费		
原材料			一年内到期的长期负债		
流动资产合计			负债合计		
固定资产：			所有者权益：		
土地和建筑			股东资本		
机器与设备			利润留存		
在建工程			年度净利		
固定资产合计			所有者权益合计		
资产总计			负债和所有者权益总计		

第六年

企业经营流程 请按顺序执行下列各项操作。	每执行完一项操作,财务总监请在相应的方格内打钩。 财务总监(助理)在方格中填写现金收支情况。		
新年度规划会议			
参加订货会/登记销售订单			
制订新年度计划			
支付应付税			
支付利息/更新长期贷款/申请长期贷款			
季初现金盘点(请填余额)			
更新短期贷款/还本付息/申请短期贷款			
更新民间借贷/还本付息/申请民间借贷			
更新原材料订单/原材料入库			
下原材料订单			
更新生产/完工入库			
建设新生产线/变卖生产线/转产			
紧急采购原材料			
开始下一批生产			
更新应收账款/应收账款收现			
出售厂房			
紧急采购产成品			
按订单交货			
产品研发投资			
支付行政管理费			
其他现金收支情况登记			
支付设备维护费			
支付租金/购买厂房			
计提折旧			( )
新市场开拓/ISO 资格认证投资			
结账			
现金收入合计			
现金支出合计			
期末现金对账(请填余额)			

现金预算表

项 目	1	2	3	4
期初库存现金				
支付上年应交税				
市场广告投入				
支付利息/支付到期长期贷款/申请长期贷款				
贴现费用				
短期贷款利息/支付到期短期贷款/申请短期贷款				
民间借贷利息/支付到期民间借贷/申请民间借贷				
原材料采购支付现金				
转产费用				
生产线投资				
工人工资(加工费)				
产品研发投资				
收到现金前的所有支出				
应收账款到期				
支付管理费用				
设备维护费用				
租金				
购买新建筑				
市场开拓投资				
ISO 认证投资				
其他				
库存现金余额				

要点记录

第一季度：_____

第二季度：_____

第三季度：_____

第四季度：_____

年底小结：_____

订单登记表

订单号										合 计
市场										
产品										
数量										
账期										
销售额										
成本										
毛利										
出售期										

产品核算统计表

项 目	P1	P2	P3	P4	合 计
数量					
销售额					
成本					
毛利					

综合管理费用明细表

单位:百万

项 目	金 额	备 注
管理费		
广告费		
维护费		
租 金		
转产费		
市场准入开拓		□区域 □国内 □亚洲 □国际
ISO 资格认证		□ISO 9000 □ISO 14000
产品研发		P2( ) P3( ) P4( )
其 他		
合 计		

利润表

项　目	上年数	本年数
销售收入		
直接成本		
毛利		
综合费用		
折旧前利润		
折旧		
支付利息前利润		
财务收入/支出		
其他收入/支出		
税前利润		
所得税		
净利润		

资产负债表

资　产	期初数	期末数	负债和所有者权益	期初数	期末数
流动资产:			负债:		
现金			长期负债		
应收账款			短期负债		
在制品			应付账款(民间借贷)		
成品			应交税费		
原材料			一年内到期的长期负债		
流动资产合计			负债合计		
固定资产:			所有者权益:		
土地和建筑			股东资本		
机器与设备			利润留存		
在建工程			年度净利		
固定资产合计			所有者权益合计		
资产总计			负债和所有者权益总计		

8.7 正式运营原材料需求费用表

原材料需求与费用表

项 目		第一年第一季度	第一年第二季度	第一年第三季度	第一年第四季度	第二年第一季度	第二年第二季度	第二年第三季度	第二年第四季度
手工线	产品下线并开始下一批生产								
	订单下达								
半自动	产品下线并开始下一批生产								
	订单下达								
全自动	产品下线并开始下一批生产								
	订单下达								
柔性线	产品下线并开始下一批生产								
	订单下达								
合计									
费用									

ERP 原材料需求与费用表

项　目		第三年第一季度	第三年第二季度	第三年第三季度	第三年第四季度	第四年第一季度	第四年第二季度	第四年第三季度	第四年第四季度
手工线	产品下线并开始下一批生产								
	订单下达								
半自动	产品下线并开始下一批生产								
	订单下达								
全自动	产品下线并开始下一批生产								
	订单下达								
柔性线	产品下线并开始下一批生产								
	订单下达								
合计									
费用									

原材料需求与费用表

项　目		第五年第一季度	第五年第二季度	第五年第三季度	第五年第四季度	第六年第一季度	第六年第二季度	第六年第三季度	第六年第四季度
手工线	产品下线并开始下一批生产								
	订单下达								
半自动	产品下线并开始下一批生产								
	订单下达								
全自动	产品下线并开始下一批生产								
	订单下达								
柔性线	产品下线并开始下一批生产								
	订单下达								
合计									
费用									

8.8 正式运营广告单

广告单

项 目	P1	P2	P3	P4
本地				
区域				
国内				
亚洲				
国际				

第一年

项 目	P1	P2	P3	P4
本地				
区域				
国内				
亚洲				
国际				

第三年

项 目	P1	P2	P3	P4
本地				
区域				
国内				
亚洲				
国际				

第五年

项 目	P1	P2	P3	P4
本地				
区域				
国内				
亚洲				
国际				

第二年

项目	P1	P2	P3	P4
本地				
区域				
国内				
亚洲				
国际				

第四年

项目	P1	P2	P3	P4
本地				
区域				
国内				
亚洲				
国际				

第六年

8.9 订单数量统计表

订单数量统计表　　　　　　　　单位:张

市　场	产　品	第一年	第二年	第三年	第四年	第五年	第六年
本地	P1	8	8	7	8	7	5
	P2		4	6	7	8	7
	P3		3	4	4	7	7
	P4					4	4
区域	P1		4	3	3	4	3
	P2		4	5	6	5	5
	P3			4	4	7	5
	P4				2	3	4
国内	P1		4	6	6	5	5
	P2		3	6	7	6	6
	P3		2	2	3	7	6
	P4					2	3
亚洲	P1			4	6	6	4
	P2			4	6	6	6
	P3			3	4	5	7
	P4					3	3
国际	P1				8	8	8
	P2				3	3	5
	P3						3

8.10 第三年自选订单

第三年自选订单

ZXD 3-1/6	ZXD 3-4/6
数量:5P1	数量:4P2
单价:	单价:

续表

交货期： 应收账期： ISO：9000	交货期： 应收账期： ISO：9000
ZXD 3-2/6 数量：2P1 单价： 交货期： 应收账期： ISO：9000	ZXD 3-5/6 数量：1P3 单价： 交货期： 应收账期： ISO：9000
ZXD 3-3/6 数量：2P2 单价： 交货期 应收账期： ISO：9000	ZXD 3-6/6 数量：3P3 单价： 交货期： 应收账期： ISO：9000

8.11　第五年自选订单

第五年自选订单

ZXD 5-1/6 数量：2P1 单价： 交货期： 应收账期： ISO：9000,14000	ZXD 5-4/6 数量：5P2 单价： 交货期： 应收账期： ISO：9000,14000
ZXD 5-2/6 数量：5P1 单价： 交货期： 应收账期： ISO：9000,14000	ZXD 5-5/6 数量：3P3 单价： 交货期： 应收账期： ISO：9000,14000

续表

ZXD 5-3/6	ZXD 5-6/6
数量：3P2	数量：3P3
单价：	单价：
交货期	交货期
应收账期：	应收账期：
ISO：9000,14000	ISO：9000,14000

8.12　市场预测图

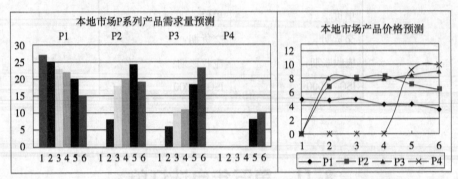

本地市场将会持续发展，对低端产品的需求可能下滑，伴随着需求的减少，低端产品的价格很有可能走低。后几年，随着高端产品的成熟，市场对 P3,P4 产品的需求将会逐渐增大。由于客户对质量意识的不断提高，后几年可能对产品的 ISO 9000 和 ISO 14000 认证有更多的需求。

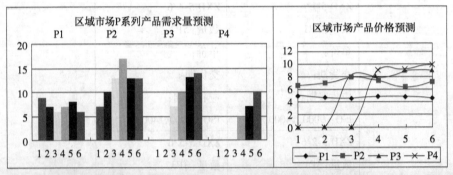

区域市场的客户相对稳定，对 P 系列产品需求的变化很有可能比较平稳。因紧邻本地市场，所以产品需求量的走势可能与本地市场相似，价格趋势也应大致一样。该市场容量有限，对高端产品的需求也可能相对较小，但客户会对产品的 ISO 9000 和 ISO 14000 认证有较高的要求。

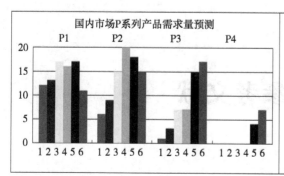
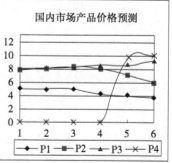

因 P1 产品带有较浓的地域色彩,估计国内市场对 P1 产品不会有持久的需求。但 P2 产品因更适合于国内市场,估计需求一直比较平稳。随着对 P 系列产品的逐渐认同,估计对 P3 产品的需求会发展较快。但对 P4 产品的需求就不一定像 P3 产品那样旺盛了。当然,对于高价值的产品来说,客户一定会更注重产品的质量认证。

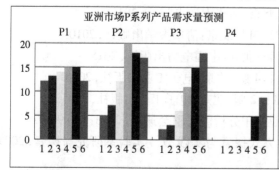
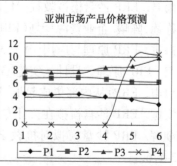

这个市场一向波动较大,所以对 P1 产品的需求可能起伏较大,估计对 P2 产品的需求走势与 P1 相似。但该市场对新产品很敏感,因此估计对 P3,P4 产品的需求量会发展较快,价格也可能不菲。另外,这个市场的消费者很看重产品的质量,所以没有 ISO 9000 和 ISO 14000 认证的产品可能很难销售。

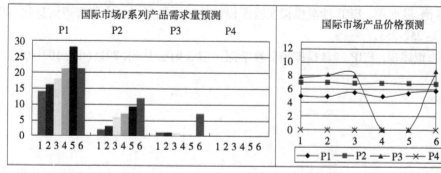

P 系列产品进入国际市场可能需要一个较长的时期。有迹象表明,对 P1 产品已经有所认同,但还需要一段时间才能被市场接受。同样,对 P2,P3 和 P4 产品也会很谨慎地接受。需求发展较慢。当然,国际市场的客户也会关注具有 ISO 认证的产品。

参考文献

［1］徐峰,孙伟力,王新玲. ERP 沙盘模拟实验指导书[M].南京:南京大学出版社,2013.

［2］苗雨君. ERP 沙盘模拟教程[M].北京:清华大学出版社,2013.

［3］郑称德,陈曦.企业资源计划(ERP)[M].北京:清华大学出版社,2010.

［4］桂海进. ERP 原理与应用[M].3 版.北京:中国电力出版社,2015.

［5］罗鸿. ERP 原理·设计·实施[M].4 版.北京:电子工业出版社,2016.

［6］陈启申. ERP:从内部集成起步[M].2 版.北京:电子工业出版社,2005.

［7］田安国. ERP 沙盘模拟在会计专业应用分析[J].财会通讯,2013(7):96-97.

［8］陈朝晖. ERP 沙盘模拟对抗教学方式探索与实践[J].实验室研究与探索,2009(1):173-176.

［9］郑惠珍. ERP 沙盘模拟在高校教学中的应用综述[J].实验科学与技术,2010,8(5):70-72.

［10］胡梅.关于提高 ERP 沙盘模拟实验教学效果的几点思考[J].实验室科学,2015,18(2):97-100.

［11］李春艳,耿丽丽. ERP 沙盘模拟实验课程教学问题研究[J].中国管理信息化,2015,18(18):252-253.

［12］陈波,贾述顶. ERP 沙盘模拟经营教学探讨[J].财会月刊,2011(4):103-105.